VICTOR SEGALEN

PEINTURES

LES ÉDITIONS G. CRÈS & Cie
21, RUE HAUTEFEUILLE
PARIS

Sixième Édition

PEINTURES

DE VICTOR SEGALEN

(Paru ou à paraître)

LES IMMÉMORIAUX.	(Éditions G. Crès et Cie, 1921).
STÈLES.	(Éditions G. Crès et Cie, 1914).
PEINTURES.	(Éditions G. Crès et Cie, 1916).
ORPHÉE-ROI.	(Éditions G. Crès et Cie, 1921) (Collection *Le Théâtre d'Art*).
D'APRÈS RENÉ LEYS.	

VICTOR SEGALEN

PEINTURES

LES ÉDITIONS G. CRÈS & Cie
21, RUE HAUTEFEUILLE
PARIS
MCMXXI

IL A ÉTÉ TIRÉ DE
CETTE NOUVELLE ÉDITION
VINGT EXEMPLAIRES SUR
PAPIER PUR FIL LAFUMA
NUMÉROTÉS DE I A 20

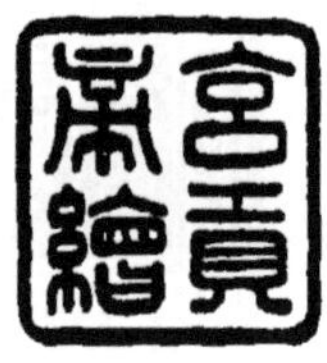

Ces Peintures, littéraires
sont offertes en retour des siennes
magnifiquement picturales,
au Maître-Peintre et grand Ami

GEORGES DANIEL DE MONFREID

... Vous êtes là : vous attendez, décidés peut-être à m'écouter jusqu'au bout ; mais destinés ou non à bien voir, sans pudeur, à tout voir jusqu'au bout ? — Je ne mendie point des promesses : je ne veux d'autre réponse ou d'autre aide que le silence et que vos yeux. D'abord, savez-vous ce qui se montre ici et pourquoi se tient cette PARADE ? Ce sont des Peintures Chinoises ; de longues et sombres peintures soyeuses, chargées de suie et couleur du temps des premiers âges. Les unes se déroulent de haut en bas : je les ferai pendre à leur tour du haut de *cette* poutre jusqu'à terre. Celles qui ne se transportent point et ne s'achètent pas (de simples frottis d'or au creux des grottes, des reflets au fond des laques ou des yeux), je vous les livrerai cependant : ce sont des Peintures Magiques. Une autre, seule, s'étalera entre les deux mains qui en disposent : c'est le défilé des Cortèges et le Trophée des Tributs des Royaumes. Mais vous devrez, par vous-mêmes, atteindre pas à pas les vingt fresques Dynastiques, liées chacune à son Palais succesif.

Et résolument, ne comptez sur aucun « effet » prévu ; aucun de ces mirages fuyants dont la « perspective » occidentale joue et décide avec sécurité : si les parallèles se joignent ou non à l'infini... (médiocre infini que deux traits piquent sur un point) : si les personnages dessinés ont *une* dimension dans l'espace, ou deux ou trois... (eh ! c'est l'affaire du bon tailleur d'habits !)

Mon rôle est autre envers vous et ces Peintures, qui est de vous les faire *voir*, seulement. Ce sont des Peintures parlées.

Ne croyez pas à des mots sans justification. Même les plus anciennes et les plus classiques Peintures dans l'Empire calligraphique et littéraire, ne s'accommodent point de l'arrêt, — qui, devant tout, est le maintien de l'ignorance. Mais avant de livrer ses couleurs, chacune d'entre elles a déjà provoqué sa glose : les marges se couvrent, sous un style élégant, de descriptions, de commentaires, d'enthousiasmes lyriques... Il se fait un enveloppé de paroles. Ces Peintures sont donc bien « littéraires », comme j'ai promis dans la dédicace. Imaginaires aussi.

... Vous n'êtes pas déçus ? Réellement, vous n'attendiez pas une représentation d'objets ? Derrière les mots que je vais dire, il y eut parfois des objets ; parfois des symboles ; souvent des fantômes historiques... N'est-ce pas assez pour vous plaire ? Et si même on ne découvrait point d'images vraiment peintes là-dessous... tant mieux, les mots feraient image, plus librement !

Et je ne puis dissimuler : je vous réclame comme des aides indispensables à la substitution. Ceci n'est pas écrit pour être lu, mais entendu. Ceci ne peut se suffire d'être entendu, mais veut être *vu*. Ceci est une œuvre réciproque : de mon côté, une sorte de parade, une montre, un boniment... Mais très inutile, déplacé et fort ridicule s'il ne trouvait en vous son retentissement et sa valeur. Donc, une *certaine* attention, une *certaine* acceptation de vous, et, de moi, un *certain* débit, une abondance, une emphase, une éloquence sont également nécessaires. Convenez de cette double mise au jeu. Mais, avant d'entrer dans le jeu, une anecdote :

— Un Maître-Peintre, sous le temps de Song, avait coutume d'aller aux pentes des coteaux, muni d'un flacon de vin, et de passer le jour dans un peu d'ivresse, en regardant et en méditant. Savez-vous ce qu'il observait ? Un spectacle évidemment, puisqu'il était Maître, et Peintre. Les commentateurs ont traduit : « *Qu'il cherchait le lien de lumière unissant enfin à jamais joie et vie, vie et joie,* » et ils se sont moqués comme d'un ivrogne et d'un fou.

Et pourtant, cette vision enivrée, ce regard pénétrant, cette *clairvoyance* peut tenir lieu pour quelques-uns, — dont vous êtes ? — de toute la raison du monde, et du dieu.

Je vous convie donc à *voir* seulement. Je vous prie de tout oublier à l'entour ; de ne rien espérer d'autre ; de ne regretter rien de plus.

∴

... J'entends. Il ne vous suffit pas de la seule contemplation. Mais l'aventure, n'est-ce pas, l'acte dans la joie aussi ! Rassurez-vous :

l'action spectaculaire que je vante n'est pas un état de paresse ni de béatitude : vous éprouverez que ceci est plein d'activités nombreuses ; — les unes purement irréelles, mais agissantes par l'Esprit ; d'autres poursuivies très loin dans le voyage ; les dernières conduisant à travers quatre mille années bien comptées de Chroniques chinoises ! Déjà, si vous lisiez ceci dans l'avant-propos d'un livre, (un livre fait de pages que l'on tourne et de caractères que l'on saute quand ils ennuient...) ne vous sentiriez-vous pas emmenés dans une insolite équipée, et déjà, lecteurs complaisants, n'auriez-vous pas quelque abandon pour l'auteur même taciturne ? Laissez-vous donc surprendre par ceci qui n'est pas un livre, mais un dit, un appel, une évocation, un *spectacle*. Et vous conviendrez bientôt que voir, comme il en est question ici, c'est participer au geste dessinant du Peintre ; c'est se *mouvoir* dans l'espace dépeint ; c'est assumer chacun des actes peints. Beaucoup d'entre eux vous apparaîtront nobles, au sens que les criminels eux-mêmes et le peuple reconnaissent à ce mot. Quelques-uns seront abominables au jugement des hommes dits de bien. M'ayant écouté jusqu'ici, vous n'avez plus de choix possible ni d'autre recul permis que celui qui sépare le bon spectacteur du spectacle. Ne vous l'avais-je pas annoncé ? Vous voilà devenus mes comparses, mes complices. Vous pouvez tout voir, désormais. Regardez donc : je déroule la première de ces Peintures, la Première Magique.

I

PEINTURES MAGIQUES

Et, d'un coup, nous voici jetés dans les nues, en plein ciel. Des toits griffus lancent des Palais dans les nues. Des rochers surplombent les toits et remontent au faîte, à toucher *cette* poutre d'où se dépend toute la Peinture, descendant jusqu'aux monts terrestres, jusqu'aux creux habités des vallées humaines. Mais, entre ciel et terre, une esplanade losangique offre sa grève à des atterrissages d'irréel.

Car, dans tout l'espace quadrangulaire, vous ne voyez qu'une seule volée, innombrable, de ces magiques oiseaux blancs. Ce sont des flèches bien empennées, au bec acéré, avec des pattes rouges et fines : ce sont des flèches bien chevauchées : chacune emporte un de ces vieillards au front bossu, aux joues roses sur une barbe de craie, aux robes onduleuses déferlant dans le sillage ; et chaque vieux et sa monture ne font qu'un : lui, volant par *ses* ailes ; elle, conduite d'un trait de *sa* pensée. D'un îlot à l'autre îlot des nues, ils viennent se poser sur la terre blanche, losangique, portée par la colonnade que l'on aperçoit maintenant.

Et tout en bas, ici-bas, reconnaissez la mer liquide, figurée dans son clapotis par ces ondulations minces. C'est d'elle, base de la terre, que monte vers le Ciel ce vertige. N'est-ce pas que le « point de vue » est immensément haut ? En plein Ciel ! Ceci est peint, non pas à l'usage de mortels priant et suppliant, ceci n'est pas une ascension ni une intercession. Ceci n'est habité que de Génies dépouillés de leur chrysalide humaine. Une Peinture céleste. Si vous la parcourez ainsi commodément de vos yeux, c'est par la magie du

Peintre qui vous offre cette haute cime, cette domination des sommets ? On enfourche ici les oies célestes et l'on voyage seulement par la route des airs. Ne cherchez pas de traces appuyées : aucun départ, mais une arrivée légère. Non point des corps ! Des Esprits glorieux. Une vie frêle et immortelle. De ces êtres, qui n'ont du vieillard que la barbe et le front en calebasse rose, il y a bien un millier, et plus.

∴

Et maintenant, que le décor soit solide ou non, que cette esplanade, (vous la voyez, losangique et blanche, portée sur sa colonnade) se révèle d'albâtre ou de jade, ou taillée dans les mots ou dans le rêve... trouvez-vous donc une grande importance ? Une grande différence ? Les Esprits soufflent et règnent partout où Il veut. Ceci est la Peinture des Esprits, des Génies, des Immortels. Tout ce qui est peint ici n'a de concret que sa complaisance d'être vu. Tout ceci daigne apparaître. Mais sachez bien, d'un souffle, tout ceci peut disparaître. Ces vieux hommes, nous devinons ce qu'ils expriment : la glorification de la durée. Ce sont les vieux fils du Temps-Empereur.

Et avec l'âge, vous savez bien que toute âme s'accroît : que toute intelligence exagère et déborde son degré : l'âme d'une vieille cloche en remontre à un jeune arbre : l'âme d'un vieil arbre rayonne au-delà des branches sèches : l'âme d'un vieil animal pense presqu'aussi faussement qu'un homme sage. L'âme d'un vieil homme qui a su très longuement accumuler les ans, — comme d'autres les monnaies de cuivre, — pénètre les âmes et les hommes, s'élance et vient voleter ici dans la ronde frémissante. Reconnaissons le pouvoir vraiment magique de la seule longévité.

Et ne vous étonnez pas de ces attributs obligatoires : les fanons qui pendent sous le menton, le ventre qui fait poche. Cela se voit peu sous les vêtements cérémonieux. Et quel besoin de muscles jeunes? Ces vieilles gens ont la noble traîne. Qu'ils soient bancals ou borgnes, ils ont l'air pour chemin favori : des chars ailés, le rythme vif du drapeau giflé sur les deux faces et qui fuit : c'est le transport dans l'azur intelligent : tout est plein de fluide comme un vaisseau pulsatile : tout se meut : le Ciel bat !

∴

Regardez encore. On voudrait, au bout de quelque temps, ne plus voir. On voudrait s'essuyer les yeux... (une buée magique). Chacune des figures, même projetée à dix mille pieds dans les espaces, est cernée, posée, finie. Mais le trouble vient précisément de ceci que vous comprenez maintenant que tout se meut et que tout bat dans la plus grande indifférence. Ce génie vibre à volonté dans ce sens ou bien dans l'autre. L'esplanade est prête à voltiger aussi ; les rochers, à se dissoudre dans les nues. Tout peut se tourner bout pour bout : rien ne sera changé : ces vieillards vont devenir enfants et ces nouveau-nés des vieillards. Tout est un. Deux n'est pas deux. Tout danse, tout pétille ; tout est prêt à se rouler en spirale (comme le grand vent de l'univers). Tout s'exprime donc dans l'esprit.

Et songez bien, cette Peinture, tombée du pinceau d'un vieux Maître du temps de T'ang, par cela même qu'elle est, est esprit.

Assez vu. Déroulons alors la seconde...

(Ah ! J'oubliais de lire les derniers caractères commentant la Première Magique. Est-ce donc bien nécessaire ?) Cela s'appelle :

RONDE DES IMMORTELS.

Maintenant, le Peintre livre ici l'image d'une seule jeune fille. Elle est belle par la beauté, les mains longues, le cou gras, l'enroulée de ses cheveux et la retombée de ses yeux. Une autre, ailleurs et loin de nous, existe vraiment, qui lui ressemble. Car ceci est un portrait.

Le Peintre la donne ici plus douce que l'autre n'est douce dans l'existence humaine ; car il l'a peinte ici comme il l'aime. Et comme l'autre ne l'aime pas, chaque jour suppliant l'image avec des mots et avec des larmes, il prend un dur poinçon et perce le cœur dans la soie.

Au même instant, dans sa maison, l'autre pousse un cri et porte la main à son cœur. La Mère s'effraie dans la maison, car la fille maigrit et l'on ne sait quel médecin convoquer. Avant peu, son vrai cœur lui dira qui la blesse. Avant peu, elle se rendra. C'est la Peinture qui mourra ; non pas l'autre ; non pas l'autre. Mais le Peintre, alors plus n'aimera : ceci est un

PORTRAIT FIDÈLE.

Et là, voilà encore des Génies, cette fois de grandeur humaine, en nombre cinq. Les cinq robes flottent avec symétrie. Des souffles jouent entre les membres et les robes. Les orteils ont des mouvements. Les ongles s'irisent. Entendez-vous pas respirer ? Ils apparaissent bienveillants. Ils sont pleins d'intelligence et savent ce que nous ignorons, mais ignorent ce que nous sommes. — Très loin de nous... De l'*autre* côté. — Cependant ils vivent, n'est-ce pas ? (Une vie magique.) Ils vivraient tout à fait, — dites-vous, — si leurs yeux avaient, comme un puits, ce point dans la prunelle ?

Justement. C'est pourquoi je n'ose pas le peindre et n'oserai jamais : par peur de les voir tout à coup sortir de la muraille et se mélanger à nous autres vivants.

Qu'ils restent donc les

CINQ GÉNIES AVEUGLES.

Et que voyez-vous d'extraordinaire ? Pourquoi vos yeux lourds et vos regards liés à ceci... qui est un personnage humain et rien de plus ? Assis en lui-même, retombant de la tête aux genoux : un Solitaire un peu las de penser, sans doute, et rien de plus.

Suivant les bons usages picturaux, il se trouve un plus grand espace du côté où porte la vue, (afin que son regard ne heurte pas trop tôt le vide...) Mais son regard est précisément vide, desséché comme une mare au soleil... Comme les vôtres en ce moment.

Et que voyez-vous donc d'extraordinaire ? C'est un homme, ou ce fut un homme, et rien de plus. — Cependant il n'est pas seul. Sur la droite extrême, là-haut, tout en haut, un autre fuit dans l'infini, un autre qui voltige sur ces spires de fumées dévidées — regardez bien — dévidées du crâne même de l'épuisé. Un symbole, et rien de plus.

Mais d'où vient l'effroi dans vos yeux ? — Ah ! *ceci*, sur l'épaule gauche du personnage méditant ; ceci qui sourd du fond de l'ombre ; ce quelque chose avec des yeux plus bombés que le front, et un cou plissé comme une vieille ; — et l'on voit cette main à quatre doigts qui étreint le crâne trop poreux d'intelligence, et l'exprime... Et d'un bout à l'autre d'une bouche sans lèvres, ce rire long de dessin magistral... Est-ce donc cela qui vous fait peur ? Ce quelque chose ? Ça ?

Un crapaud. Un crapaud, vous dis-je, rien de plus.

Aucun épilogue à cette Peinture, la quatrième des Magiques... Si, pourtant, à bien regarder :

TRIOMPHE DE LA BÈTE.

Attendez, avant d'aborder la cinquième...

(Quelqu'un parmi vous exerce-t-il profession d'égorgeur, de dépeceur, de vendeur de la chair qui a vécu? Quelqu'un d'entre vous a-t-il jamais éteint la vie dans un être vivant ? Quelqu'un d'entre vous serait-il pêcheur à l'arc ou chasseur au harpon ? Quelqu'un a-t-il, du tranchet de l'ongle, coupé le fil de soie des heures palpitantes et des moments vifs qui se suivent comme des haleines enchaînées ? Quelqu'un a-t-il bu sans filtre ? A-t-il marché sans alléger ses pas sur la poussière... souffrante peut-être ? Quelqu'un se trouve-t-il enfin parmi vous qui ne soit clair de tout meurtre ; même secret, même oublié, même incommensurablement menu, ignoré ?)

Si oui, que celui-là détourne les yeux de ceci. Car ceci peint l'Enfer Rédempteur du Seigneur de la Loi, du Bouddha, — dont il est plaisant de faire un dieu, faute d'un Sage, — et les atroces maux expiatoires. Qui a dérobé la vie, verra sa vie posthume se tordre ici en d'épouvantables nœuds d'entrailles... Que personne d'entre nous ne se risque : Quel oserait se prétendre donc pur au regard de sa Loi ?

Et pourtant, cet exergue était accueillant, plein de grâces et de promesses :

ENFER RÉDEMPTEUR !

La Peinture qui vient ensuite n'est pas une qui se pende haut, mais doit être étalée d'un seul coup du pouce et de l'index, comme l'éventail semi-lunaire qu'on porte au printemps et à l'automne, — et se désigne en effet ainsi :

ÉVENTAIL VOLANT.

Ne lui permettez point de repos : ne cherchez pas à l'expertiser à plat ni à compter le nombre de palettes d'ivoire dont il est fait ;

mais donnez lui toujours son mouvement : battez l'air, et à la dérobée, du coin des yeux, à chacune des haleines douces qu'il envoie, regardez, et peu à peu devinez des scènes furtives : le fond est noir et luisant. Tout d'un coup un créneau s'ouvre : des ailes battent : de gros yeux roulent : un crâne crève : il sort une pagode qui d'un seul jet fuse en plein ciel...

Vous avez vu ? Éventez encore, éventez.

Un personnage se compose : un moine nu, extatique. Il conserve, de tout son corps, deux yeux seuls, mais bien vivants. (Le reste est sec ou pourriture.) Il fait signe que, tout seul, le spectacle est bon. Éventez encore, éventez...

Voici qu'un visage écarquillé vous regarde ; si magiquement et si profondément qu'il va se coller sur votre face et deviendrait *votre visage*, si, vous éventant toujours, vous ne le changiez en quelque autre chose qui n'interloque pas : le trait courbe de l'horizon des

Peintres ; le vaste ondoiement de la mer ; le coup d'aile alenti de la grande oie rose dans le ciel ; la caresse recueillie, dépouillée, décharnée de tout désir... Éventez encore, éventez...

Mais le visage peint se réévoque insolemment et se précise à chaque foulée. Il regarde de trop près. Que veut-il dire ? Est-ce vous qui le provoquez ? Le rencontrer hors de ceci : quelle insupportable aventure ! Comme la vue d'un ami trop insistant, comme un remords trop fidèle, comme un muet qui veut interroger.

Mais nous n'habitons point le monde vrai. Ce qui déplaît ou déconcerte, nous pouvons, mieux qu'un remords, l'évincer, et d'un seul geste du doigt, l'effacer.

Fermez donc les doigts : du coup, le visage n'existe plus...

... Un Empereur, vêtu de rouge, couché longuement sur un lit tout vermillon.

La face et les yeux rougeoient ; les prunelles se piquent d'étincelles ; et il regarde avec le sourire que l'on a pour la Seule que l'on attende et qui est proche ; et il jette devant lui ses deux mains de couleur chaude avec ce geste que l'on tend vers l'unique objet qu'on aime et qui est là ; et son cou renversé, brûlé de lueurs rousses, et ses lèvres éclairées de fièvre, toute la Personne, richement peinte, s'illumine et se donne comme au désir de quelque chose que pourtant nous ne voyons pas : sauf, — à les bien fixer, — en plein milieu des yeux luisants : *une flamme*.

Mais, suivez le regard : le regard s'en va droit à cette autre petite flamme rouge qui se tient fière et fixe dans la nuit... Sans lampe et sans huile, sans autre nourriture que puisée dans l'ombre alentour, elle éclaire cependant tout de sa couleur.

C'est donc cela ! L'Empereur désire cette flamme : il sait bien qui elle est ! Il l'invoque, il la conjure, il ne la quitte point des yeux... Et vous aussi, regardez, regardez mieux : (de plus près, de tout près, en retenant bien votre souffle pour ne pas la faire trembler...) Elle grandit, elle change, elle se dresse, se courbe et se contourne... Sa pointe s'effiloche en dix mille cheveux, et deux bras longs aux dix doigts effilés ; son ventre bifurque en deux jambes frémissant à la jointure, et il se fait deux seins aussi, de couleur brûlante, et des lèvres, une langue, des yeux...

Est-ce une flamme encore ? Ah ! vous pouvez respirer à votre aise, maintenant... (si vous le pouvez...) Elle résiste. Elle est de grandeur humaine ; elle grésille de joie de dévorer : elle est triomphante et hardie ; elle est neuve, et, chaque nuit, ressuscitée : à sa lumière que la concubine faite d'os et de chairs mélangés paraît dure ou molle ou quotidienne ! Auprès d'elle, que donnent à l'Amant souverain ses filles bien gardées, bien cérémonieuses, puisqu'il possède ici et avive cette Peinture : cette

FLAMME AMANTE,

rouge-ardente, qui le lèche, l'enveloppe, le pénètre, et fond la joie comme un bronze en coulée au four du cœur ! Voyez ! Voyez ! Il est dévoré d'amour de flamme.

Mais, prenez garde, et ne respirez plus... Elle redevient petite tout d'un coup, tremblottante et lumineuse simplement...

Non ! Non ! Ne soufflez pas ! — C'est pourtant ce que ferait ici une épouse en jalousie d'amour de chair. L'Autre, la Rouge, s'éteindrait, et ne serait plus rallumée.

Ce qui suit est encore un

REFLET DANS DES YEUX

de jeune fille, évidemment ; — cette coiffure et ce maintien ! Ces yeux mêmes regardant droit vous et moi... ou peut-être par-dessus nos épaules, dans cet espace derrière nous ? (Ne vous retournez pas).

Aucune émotion n'est révélée par ce visage. Le front délicat est poli ; les sourcils, posément arqués ; les cils ne cillent pas ; les plis du nez ne plissent pas, ni les lèvres ne serrent ou s'abandonnent... Voyez encore : cette voussure chaste des épaules, et les mains croisées sur le ventre par pudeur et bonne éducation, comme pour un salut qu'elle va faire, ou cacher les hontes encombrantes du mariage. Enfin, une grande pureté.

Cependant vous voudriez savoir quel mirage ou quel tour de pensée donne à tout le jeune corps ce maintien discret...

Eh bien ! regardez-la, droit aux yeux, comme elle semble faire pour nous. — Si le Peintre est l'égal des Maîtres, (de celui qui, dans les prunelles du bouvier, enfermait l'image parfaite du bœuf, avec ses taches, son poil et son licol,) si le Peintre fut scrupuleux et perspicace, le REFLET DANS DES YEUX doit contenir tout ce qu'ils voient ou rêvent. Fixez-les donc, de tout près...

— Oh ! Ce mirage minutieux, merveilleux, magiquement enclos dans le petit bouclier luisant ! On y discerne, dit le commentaire, « deux filles nues des pieds aux seins, l'une sur les genoux de l'autre qui la berce et la caresse de ses doigts. » (On distingue jusqu'au bout des doigts !) Quelle conscience dans le métier du Peintre ! C'est donc la scène que le pur visage reflète et contemple décemment.

Mais les yeux cependant se fixent bien droit dans les nôtres. Le reflet, alors, d'où vient-il ?

Des *nôtres* ? De cet espace qui est *derrière* nous ?

Ne vous détournez donc pas. Regardez ce qui est *devant* vous : une grande étendue, un

PAYSAGE,

le premier déroulé jusqu'ici parmi les Peintures Magiques dont il fait la septième. Et pourtant à la Chine, les poètes ivres du pinceau se nomment premiers contemplateurs de la terre. Ils en ont senti l'expression. Ils en ont reçu le regard : ils ont gardé sa face sur la face. Et voici ce qu'ils ont vu :

Peu de ciel, et beaucoup de sol. Des monts entassés qui sont l'œuvre et le témoin et l'effort de la terre. Des nuages tombant des nues et pénétrant et soulevant les épaulements solides des monts. La plaine, à peine acceptée, savoureuse, nécessaire : elle se laboure, s'ensemence, se récolte, mais ne se peint que rarement. Point d'homme ici, ou juste ce qu'il faut pour imposer une stature humaine. Mais ne concluez pas à une absence, encore moins à une impuissance à peindre son semblable ou son portrait : c'est vous-mêmes, Spectateurs, qui devez, mieux qu'un mime de théâtre, tenir le rôle de l'homme ici : et de la sorte :

Le peu de ciel qui persiste, coiffe votre front. L'écorce de la montagne vient plaquer sur vos yeux son grand masque. Les deux versants, propices aux échos, encapuchonnent vos oreilles. Il n'y a point d'hommes autres que vous ? Mais le Paysage, bien contemplé, n'est pas autre lui-même, que la peau, — trouée par les sens, — de l'immense visage humain.

Et maintenant, voici toute une

FÊTE A LA COUR D'UN PRINCE MING...

et qui s'étale sur douze grands feuillets d'écran plus hauts qu'un homme bras levés. Et vous croiriez d'abord à l'assemblage tourbillonnant à l'aventure de ces centaines de gens incrustés en couleurs dans le fond noir ? Suivez donc ces deux directives : l'une, qui commence dans le coin droit, tout en bas, s'en va jusqu'en haut et à gauche. C'est l'axe, la chaîne vertébrale, la grande voie médiane honorifique. L'autre, qui la double en diagonale aiguë, marque de ses traits parallèles la perspective non fuyante, et donne libre accès et l'habitat dans ces palais imaginaires. C'est ainsi que, de près ou de loin, nos pas ont la même étendue, notre front, par-dessus lui, le même linteau. Dans cet espace isométrique, sans crainte de nous voir arrêtés ou écrasés par les premiers plans, libérés du « point de vue », menant jusqu'aux lointains notre taille, nous pouvons, considérant la Fête, y prendre notre part à l'égal des hôtes et du Prince recevant ses hôtes.

∴

Laissons-nous conduire par l'escorte de ce Seigneur étranger qui, tout en bas, dans cet angle, à droite, contourne les remparts, franchit le pont, pénètre dans l'enceinte. Monté sur un cheval pâle, abrité d'un grand éventail à rosaces dorées, il se fait ouvrir la porte milieue, et chemine entre deux groupes de musiciens d'honneur : à gauche et en bas, des trompettes, et, dans la symétrie, des flûtes et des tambours. Nous coupons la verticale des deux grands mâts rouge-cinabre, si hauts, qu'il faut les suivre jusqu'au bout pour connaître leur emploi : ce sont les porte-bannières des deux grands Généraux : celui de l'Ouest va pendre sa banderolle au-dessus des musiciens de l'Ouest. L'autre dérobe sa pique dans les nues. Passons des portes, des cours ; voici les intendants dépêchés à notre encontre ; nous allons, précédant du regard le Seigneur solennel, libres et légers vers le Prince.

Même, à notre gré, sautant d'un coup d'œil par-dessus le toit principal, nous habitons sans indécence l'espace réservé aux Princesses, aux concubines, aux suivantes. Comme la Cour antérieure est en fête, tous les dedans réservés s'ébattent et s'emplissent de jeux. Des amies cérémonieuses viennent échanger des friandises et des saluts en ployant élégamment leurs robes à traîne poudrées. Et puis, nous traversons d'autres cours et d'autres portes, nous sautons par dessus d'autres murs. Voici le recoin où les enfants s'ébattent, et, déjà bien éduqués, font entre eux les mêmes gestes cérémonieux.

Et tout au loin, épars dans les étangs, mais accessibles à la visite de notre vue, de menus toits octogones protègent deux par deux les amants amoureux d'une musique devinée, échangée dans le son du luth : dans un poème offert et accepté, sous l'abri du kiosque insulaire...

∴

Ne croyez donc pas qu'en peignant de la sorte, en cadastrant cet espace, en permettant ainsi la vision fragmentaire, ne croyez pas que s'atténue l'ordonnance totale. Il est aisé de trouver la raison, le nœud, le pivot de cette fête, l'unité de cette foule de cinq cents personnages...

Ce n'est pas, comme on pourrait le croire, le Prince lui-même, assis un peu lourdement dans sa robe rouge moirée, et trônant, majestueux et replet, sous le toit principal... Non ! Cherchez plutôt le point exact où se coupent géométriquement les deux grands axes du rectangle : non pas le lieu que le Prince occupe, mais le point où porte son regard : deux frêles danseuses se faisant à ses pieds vis-à-vis.

Toute l'assemblée, tout le spectacle, l'ordonnance de toute la fête s'en vient donc reposer sur ces épaules délicates, sur ces deux visages mouvants prolongés de quatre grandes plumes.

Ce qui s'apprête est mouvant et mécanique. Une sorte de

GESTICULATION THÉATRALE.

Oui, je vous l'accorde : le ton en est criard, comme une scène aux tréteaux avec cymbales et gongs de couleurs ! La machine est aussi grossière que l'apparition infernale et feux et flammes et fumées autour du génie, et la poudre qu'on lui jette au nez ! — Ceci représente l'aventure de « l'homme présomptueux qui voulut se battre dans la nuit ».

C'est pourquoi, tout l'arrière plan est noir ; et que, seul au milieu de ce noir, un homme, campé sur un pied, les sourcils froncés férocement, les yeux louchant, le poing armé d'un grand sabre horizontal, vise le coup qu'il doit donner. Ne soyez dupes ni de son air horrible, ni de la richesse empruntée et clinquante des vêtements... (on les rendra au dénouement de ce spectacle...) N'importe, il est plus épouvantail qu'un pourfendeur des Trois-Royaumes, et, campé sur son pied, il ne bouge.

Vous non plus, ne bougez pas : avalez d'un seul coup une grande halenée et gardez la jusqu'à l'épuisement : alors la Peinture bien montée, comme un simulacre du réel, va dérouler toute l'histoire lamentable et grossière — autant qu'héroïsme populaire — que voici...

(Mais écoutez : avant de se tenir armé, seul, dans la nuit, cet homme qui fait peur et qui est un homme en voyage, accompagné de ses femmes, — une épouse, une concubine, — et de trois de ses enfants, — une grande fille, une petite et un petit garçon, — en tout cinq bouches et lui, — cet homme est arrivé à la porte de l'auberge qu'on lui dit fréquentée par d'autres que des hommes. Il insiste pour loger. On le prévient « qu'il ne sera point seul dans la nuit. » Il entre, et tout en baignant d'eau chaude son visage, il réclame un sabre, — se redresse, l'examine, et souriant, dit avec esprit : « Qu'il vienne donc seulement *un* fantôme, j'en fais deux ». Et puis le voilà seul dans son noir, campé sur son pied.)

Pas d'impatience : attendez la visite. Là ! Un haut Vieillard plein de manières... salue profondément avant que l'homme n'ait détendu le bras... et le coup passe sur son dos plié. Le Vieillard se relève : « Merci ! Grand Héros ! Fils de Kouan-ti même ! Il y avait ici quelques fantômes en effet. Ce poing courageux les a mis en fuite... Ma terre est délivrée, Et je suis le Génie du lieu. » Il pâlit, puis noircit, et avant de disparaître fait des gestes qui signifient : « *s'ils* revenaient, les autres, n'oubliez pas de vous bien servir (il montre le sabre) de cela. »

L'homme est de nouveau seul dans son noir, campé sur son pied, sabre au poing, prêt à trancher par la nuit...

Respirez. Bien. Regardez encore : la nuit se peuple. Ce n'est plus le Visiteur cérémonieux mais quelque chose... une présence... un visage presque palpable et trop doux... Vlan ! d'un seul coup, le sabre cueille une tête qui tombe et s'accroche au fer par de longs cheveux gluants...

Respirez. Bien. Regardez encore. Nouvelle aventure : une face confiante, souriante... Vlan ! Second coup. — La face est écrasée sur les dalles. Et le même geste, par trois fois : trois, quatre, cinq. La dernière tête est petite, tranchée du fil de la lame ; — respirez enfin.

Mais voici qu'une odeur ou une couleur non plus froide, mais chaude, puis tiède à s'en détourner et à fuir, se répand et nous incommode. Respirez fortement : vous ne pouvez pas la chasser : une odeur ! une couleur ! Cependant le vainqueur des fantômes est là, toujours campé dans le noir. Va-t-il déjà crier son triomphe ? ou bien si, prudemment, il lui faut attendre l'aube ?

L'aube point. Les yeux ivres de jour, il s'élance au dehors, gesticulant de plus belle, cherchant partout son épouse et sa concubine, ses deux filles et son fils pour leur annoncer et leur décrire ses cinq combats.

Le grand jour éclate sur la scène. On peut tout voir à son aise : on voit les cinq corps décapités, les cinq boules fantômales, au front sans yeux, aux lèvres non percées ? Regardez mieux : ce sont deux têtes jolies, intactes sous les fards... Et trois de plus, toutes enfantines, toutes humaines. C'est la femme, la concubine, les filles et le fils qui sont venus, poussés par le Génie du lieu, vieux vampire, se jeter sous le tranchant. On voit tout maintenant au grand jour...

Un jour cru ! Je vous l'accorde : rouge et blanc de fard sur noir-fumeux. Des gestes mécaniques. C'est grossier comme si souvent la vie dans son goût inné pour le tréteau...

Et cependant, la Peinture prochaine semble n'avoir qu'un désir, un destin : devenir malgré tout une

PEINTURE VIVANTE.

On y voit une Princesse Impériale Chinoise faite, par raison politique, Reine barbare, et entourée de ses enfants différents d'elle et qui sont d'elle. Le détail du vêtement, du décor somptueux et ridicule est à peine digne de nos yeux. Regardez plutôt le visage, classique et beau selon la règle, et comprenez ce qu'il exprime avec un air poignant qui n'appartient qu'à cette seule Peinture...

Car elle a des tensions intérieures, à peine sensibles, mais émouvantes plus que tout geste ; la soie ne bouge pas sous le doigt si vous tâtez, et cependant il passe, dans les moirures, des pulsations et des stries comme sur le dos de la chenille : la Reine autrefois livrée veut s'enfuir... de ce pays, ou bien de *sa* Peinture. Quel sortilège la fixa donc ainsi entre couleur et soie, quand la Politique l'avait faite recluse seulement aux provinces barbares !

Cette Peinture est donc doublement l'image d'une captivité. Cette Reine est la morte exilée. On pouvait, de son vivant, tenter de l'affranchir, et, par de nouveaux contrats heureux, la ramener au dedans des barrières... Mais le pinceau, chargé d'art et de pouvoir magique, s'est trouvé plus puissant et plus méchant que la raison d'état. Il l'a créée, immortelle, liée, écrasée sur cette mince feuille fragile, animée, souffrant tant qu'on la regardera. Ce pinceau tremblait d'émoi et suait la vie essentielle... Et maintenant, comment l'en défaire ? On ose à peine la rouler pour l'ensevelir dans le cercueil de cèdre comme les autres... Manier comme du papier cette présence palpitante ? cette vie incluse qui veut naître ? ce souffle qui veut s'expirer ?

Le Peintre, s'il la voyait encore, s'épouvanterait de sa peinture : elle veut vivre et elle ne peut pas... Ses yeux s'allument et se voilent... Elle veut...

— Oh ! tuez-la plutôt ! Tuez cette image agonisant depuis si longtemps. — Mais tuez-la donc ! Elle souffre sans espoir d'autre secours humain que le feu... Jetez-la au feu...

On ne la reverra plus jamais douloureuse, avec son grand air royal !

Et ceci fait, approchez vous impassiblement du panneau dur et froid que je dresse.

Voici,

PEINTES SUR PORCELAINE

sous un glacis léger, voici des femmes longues vêtues de couleurs aubergines, de manteaux vert-transparent, et dont les visages d'argile blanche cernés de la minceur d'un trait rouge, ne dessinent que bonne éducation. Les étoffes seules font le geste d'un corps délicatement absent. Ces femmes jouent, avec un sérieux frivole, aux emplois de la meilleure société. Quelques unes, très inoccupées, relèvent anguleusement des doigts aux ongles vifs pour piquer d'une épingle des cheveux vert-noir.

Et voici des enfants replets, à tête ronde et rase, coiffés d'une touffe bien liée. Voici des officiers civils en cérémonie dans l'ample robe verte, et présentant aux belles fardées aux faces de lunes froides, un pinceau levé qui peut élégamment jeter des poèmes sur la paroi blanc-impassible, ou peindre des sourcils sur le blanc des fronts.

Il y a des arches symétriques ; des palmes retombant comme des manches ; des phénix aux plumes éberlues ; des cigognes bleues ; des dragons dont le ventre est parti de rouge et vert, rouge et bleu ou jaune et rouge. Il y a des cavaliers immobiles dans un galop d'apparat. Un Empereur globuleux, penché dessus des créneaux violets vers le départ du héros favori... qui ne part point.

Il y a des Sages, des fantômes, des satellites infernaux éclatant comme un pétard de fumée. Il y a les tribunaux de l'autre terre, souterraine, et les jeux secrets de celle-ci : l'homme vautré nu entre les jambes de la femme... Tout cela, ô Spectateurs exilés de ces décors, tout cela, non point palpitant et gesticulant parmi nous, mais à l'abri, très à l'abri sous le vernis froid et transparent de la couverte, ou bien adhérent à la mince lamelle vitreuse, et plus miroitant, alors, et plus cristallin... Tout cela dans un monde plat, poli, non rayable à l'acier trempé ; un monde dur, un monde imputrescible, insoluble, éclatant : un monde de porcelaine. Suivez ces lignes sans épaisseur ; touchez ces émaux sans profondeur ; voyez ces faces sans cerveaux ; glissez sur ces poitrines sans ressaut ; baisez ces lèvres qui ne vous le rendront pas ; ces cheveux qui ne se tressent pas ; ces robes qu'on ne dépouille pas... Tout cela, fixé par le feu dans une éternelle blancheur et une éternelle transparence. C'est un monde vitrifié : la douleur et la joie cuites à grandes flammes, et refroidies...

Etes-vous envieux de ce monde inaltérable ?

Sinon, venez tout au fond des

PROFONDES EAUX
DES LAQUES.

Il n'y a plus de glacis impénétrable : vos yeux ne heurtent pas un éclat, mais d'eux-mêmes, attirés comme en les étangs mouvants d'autres yeux, ils plongent...

Songez bien qu'ici rien n'est pris en masse brutalement : rien n'est ici brusquement pétrifié contre le temps. La surface est une peau visqueuse et lisse, et qui se souvient d'avoir été sève, et végétale, et d'avoir coulé, salive résineuse, des lèvres taillées dans un tronc. Le vernis et le baume, étalés peinture après peinture et pinceau après pinceau durant des journées d'artisan et des mois et des années, continuent de vivre là-dedans. Certaines des couleurs primitives ont sombré ; elles sont bues et disparaissent. D'autres qu'on aurait cru absentes émergent après quelques cents ans : ce sont les bruns couvés par la durée : plus légers et plus somptueux que les noirs : ils surnagent. D'autres rouleront longtemps entre deux eaux. Il se fait de lourds courants dans cette matière en osmose, qui ne cesse jamais de fluer, de filtrer, de dialyser...

Et, penchés sur ces eaux, regardez bien : voici les mêmes habitants que du monde de porcelaine : vous retrouvez ces femmes longues et ces enfants ronds ; mais on les sent ici tous pénétrés d'une plus grave existence.

Ils procèdent très lentement, certes ; mais ils voguent, ils vont. Leurs gestes sont conduits par les mystérieux courants balsamiques. Et comme dans un sommeil épais, ils ont les deux pieds et les deux mains et les épaules, les genoux et la bouche encollés par la résine brune. Ils bougent si confusément que vous diriez qu'ils sont noyés, englués...

Non, non. Ils participent à la vie des essences et de la sève. Leur demeure est un limbe enténébré d'opiums épais. Ils sont ivres de leurs baumes...

Ceux-là, vous pouvez les envier sans crainte d'un réveil désenchanté : ils dorment et vivent plus sourdement et plus profondément que nous.

Ne reculez pas : ne vous jetez pas en arrière au sortir de ce vertige : ne cherchez pas à interposer de l'espace entre ce que vous voyez et vous : approchez, comme d'un parapet, de ce qui est une

FRESQUE DE LAINE,

comme aussi d'une personne aimée dont l'attouchement est nécessaire pour le repos du cœur et des doigts. Appliquez vos doigts et la plus mince et la plus sensible partie du poignet où sont les veines... Ceci est accueillant et moelleux ; c'est une bourre où les paumes, les coudes, les genoux, tout ce qui s'endolorit ailleurs, — la vue même, — enfonce et se complaît. Pour mieux le dépeindre, j'ai mis d'aplomb ce Tapis tendu comme une Peinture.

Ceci n'est point une Peinture : et pourtant plus riche en tons et plus dru dans ses teintes que bien des panneaux de soie gommée... Car vous percevez ici le hérissement, en millions de petits poils, de la surface dont chaque point est une pointe... Et surtout, ce Tapis n'offre pas de « sujet ».

Vous ne pouvez y définir aucune scène. Un Poète descripteur y serait perdu. Racontez donc cette histoire : ce sont des carrés et des angles ; des gestes géométriques ; un arpentage de champs rationnels ; aucun mouvement autre n'est permis ; toute ligne est ici discontinue : voyez ces grandes fleurs polygones dans leurs pacages réservés comme les prairies des plateaux inaccessibles... Toute une herborescence fleurie dont le style échappe sèchement à la sentimentalité. C'est la quadrature triomphant de la courbe vivante. On y compte les dents, les créneaux, les chevrons de couleurs logiques : on jalonne des aires à angles droits que seule régit la trame, (cette toile impitoyable par-dessous, qui est la résistance, la raison d'être de ce tapis).

C'est pourquoi je vous prie d'approcher et de toucher. Un tapis n'est point noué pour être vu seulement, mais pressé, foulé, pénétré jusqu'à la trame. Plus encore :

Quand vous serez vraiment fatigués ou meurtris du jeu de porcelaine, — englués dans le marais des laques ruminantes, — quand vous vous sentirez contus des mondes qui ne sont ni de porcelaine ni de laques mais vivants, venez alors vous coucher comme en un deuil sur ce tapis déployé sur la terre. Venez étouffer dans ses toisons les battements trop durs du cœur qui est le vôtre, et les reflets trop aigres dans d'autres yeux. Etendezvous, de toute la longueur humaine, et n'oubliant rien des couleurs, vautrez-vous sans penser à rien qu'au repos amorti dans ses laines.

Il faut, maintenant, que vous soyez dociles. Je vous conduis par un couloir obscur. Baissez la tête. Fermez ou non les yeux : vous ne pouvez voir. Tournons à gauche. Montons ces marches. Il y en a neuf, en spirale...

Levez la tête : ouvrez tous vos yeux ; regardez du fond de cette immense cuve dont vous êtes le pivot. Ce sont, dans leur ordre solennel,

QUATRE PEINTURES DIORAMIQUES

POUR LES

NÉOMÉNIES DES SAISONS.

Voyez... Je vous avais promis des soies encollées, des panneaux pleins, des frottis d'or au fond de grottes... Mais d'elles-mêmes les soies ont déchiré, les panneaux, crevé ; vous ne trouvez plus de surface ni de qualités connues dans la couleur : ni porcelainique — malgré l'éclat — ni embaumée malgré la profonde étendue... Que voulez-vous ! Être esclaves ? Ceci est peint par la couleur du jour et des saisons ; ceci est peint sur ciel changeant par les signes de beau temps ou de tempête ! C'est tout ce qui se laisse voir au ciel aux Premières Lunes des quatre Saisons.

Par là, d'abord, droit au Nord, à l'extrême Nord, des mouvements commencent à gonfler. Un vent que l'on ne sent pas sur la face précède la crevaison du dégel. Des poissons, volant dans la vasque aérienne, remontent comme des plongeurs et vont percer la coque mince. — Ombres du vol de retour des grandes oies.

D'autres mouvements moutonnent : ce sont les hibernants qui palpitent. — Joie du réveil des serpents au son du premier tonnerre ! Et le vert tendre apparaît dans les couleurs. Fixez bien ce moment des nues : de ces flocons sort un char bleu-vert. Le Fils du Ciel, paré de vêtements bleu-vert, orné de jeunes pendeloques vertes, a reçu de l'Astrologue mesureur du temps, l'annonce solennelle que Printemps aujoud'hui se manifeste et enfièvre cet horizon du Nord. Le Fils du Ciel des Nues est donc sorti du Palais Nord. Traîné par six chevaux bleu-vert, il roule sur l'éternelle voie de ronde. Le premier de tous les hommes, à grand'joie et grande haleine, il va à la rencontre du Printemps.

Il s'élance en tourbillonnant dans sa fumée. Il revient sur lui-même et rentre au Palais bleu-vert, car voici le temps d'équinoxe. Regardez vite cet instant, ce point d'équilibre : quand le jour égale la nuit. (— Voyez tous ces personnages affairés, pendus au ciel, tournant de haut en bas leurs têtes et leurs emblèmes...) On égalise les mesures dans le Ciel : on pèse les poids, on réctifie les boisseaux supra-sensibles, les fléaux, les râteaux et les racles ; et dans ces canaux supérieurs, voyez-vous, d'ici-bas, la carène de la barque impériale dont un censeur des transports examine les joints ? — Tout s'apprête, se dispose ; mais là-haut même, nul ne se risque à recueillir. Dans les campagnes célestes, on laisse paître, on affranchit, on lâche au bleu les étalons et les taureaux...

Et, restant plein de prévoyance, on récure et l'on draine les chemins verticaux reliant le Ciel à la terre, le lit des fleuves d'abondance ; les vallées des sources du zénith. Et l'on se protège même de la première pluie messagère : n'anticipez point sur le labeur de l'Eté : sinon, des pestilences ! Des brigands armés ! Des insectes pleuvant au lieu de gouttes et rongeant le cœur des céréales ! N'anticipez point sur le spectacle : la contemplation cérémonieuse du Printemps doit s'exercer dans l'émerveillé de sa jeunesse et dans son une et neuve nouveauté !

Mais, malgré vous, l'horizon tourne... Le temps a changé et s'avance, et tout d'un coup, dans sa première

NÉOMÉNIE DE L'ÉTÉ,

le Génie Rouge éclate dru comme un typhon. Point d'avant-garde ; point d'escorte et point de cohorte : voici l'avènement de l'Été. Le Grand Astrologue, trois jours durant, l'a crié au Fils du Ciel en ces termes : « *Ce* jour, se manifestera l'Été. » Voici l'Été.

C'est pourquoi, le Prince dans le Ciel montant le char couleur de feu, traîné par les chevaux roux à la queue noire, flanqué de l'étendard incarnat, a vêtu ses parures, ses pendeloques rouge-été. Plus vite et plus chaleureux que les hommes terrestres, il va jusqu'au fond du Ciel, il s'en va accueillir Été.

Plongez avec sa suite dans les champs suspendus : sentez comme tout l'Empire et le toit bleu s'enrichissent. On aide encore à la croissance : mais l'on ne renverse rien : on ne lève point de grande armée. Le temps est beau et lourd, favorable, gonflé, plein de sucs, plein de labeurs : les inspecteurs des moissons déploient toute leur activité : comme un bon troupeau, de toutes ses bouches, ils font que le peuple paisse bien.

Ici, on voit recueillir les plantes médicinales. Ici, on voit grossir et croître les pousses ambitieuses... Mais ne cherchez plus les fleurs délicates de l'orée du printemps : elles sont mortes.

A leur place, voici l'avancée de l'Impériale Première Epouse. C'est une femme au visage rouge et plein qui convient à la saison. Son embonpoint est accompli : elle achève l'éducation des vers-à-soie : les cocons sont mûrs : on la contemple, dans ce nuage, offrant au Ciel cette œuvre réalisée.

Et voici, au hasard des fumées du ciel bousculées par le souffle d'Été, voici l'orchestre de l'Été, les tempêtes musicales, l'orage, le craquement, la participation, les largesses : le bol du Ciel verse le feu de son globe ardent. Et, de toutes ses dalles, de ses marbres, de ses allées, la terre, simulée là-haut par ces palais blancs et mouvants, la terre échauffée renvoie le souffle de ses haleines tièdes. Tout alentour du ciel d'Été, les chars du tonnerre mènent leurs galops circulants : le chaud fait sa ronde et devient un son lourd... Alors, au degré de sa note, on accorde les soies des luths, on retend les peaux des tambours, on ajuste les orgues à bouche, les flûtes traversières, — et en retour, en échos, en harmonie :

Voici la réponse d'en haut : voyez les flèches bienfaisantes éclaboussant la peau terrestre ; voyez couler la grande pluie d'Été, riche de génies et de mâles : voyez le Ciel fécondant !

Puis, on sépare les juments pleines ; on attache les étalons. Bientôt va longuement tourner le jour le plus long de l'année : la vie et la mort, sur ce jour, ont un pouvoir égal. Le Sage demeure sagement dans sa maison.

Et tombe aussi le repos dans la puissance ! Le cerf se dépouille de son bois : la cigale commence à chanter ; un vent tiède commence à lever. Le jeune épervier s'exerce. L'herbe pourrissante engendre des vers-luisants. C'est le moment lumineux : il convient d'habiter vraiment des hauteurs dans le ciel dense. Il convient de contempler des sites d'une très grande étendue ; de monter sur des tours si hautes qu'on puisse cueillir les étoiles à la main. Tout se presse et s'augmente : on respire vite : on jouit.

Cependant, le Peintre des Saisons dans les nues s'est bien gardé de représenter ici d'autres joies que celles de l'Été ; d'autres devoirs que les devoirs de l'Été. L'eut-il fait ? L'eau mauvaise, l'eau terrestre inonderait les collines.

Les moissons ne mûriraient pas. Les éperviers mangeraient trop vite les jeunes oiseaux. La grêle s'abattrait. Les sauterelles dévoreraient. Et si d'aventure on récoltait : toutes les stérilités sont promises.

Donc, ne plus espérer, ne pas obtenir encore ; mais être. Être, trois fois être, au chaud de l'Été. Sentir que l'on est. Savoir que l'on est. Rire de joie sous l'existence, ô triple et triple gloire de l'Été !

Mais, malgré vous l'horizon tourne. Le temps est changé et s'avance et déploie dans les nues son troisième décor des

NÉOMÉNIES DE L'AUTOMNE.

C'est vers le visage occidental de la terre qu'il convient de tenir votre mouvant visage humain : face au lieu de chute à la fois du jour et de l'année ; face à la tombée du météore quotidien. Qu'on le suive dans son inflexion : qu'on se reploie : qu'on sente sur soi le poids de trois saisons.

C'est alors que les causes doivent être jugées, mais selon la règle, et les châtiments graves, bien accordés : c'est ici qu'au fort de l'Automne du soi-même, il convient d'éviter les excès.

Moment juste ! Saveur recueillie ! On a récolté et l'on goûte. Le Fils du Ciel, ce Grand Médiateur, goûte en effet, avant les autres, et qualifie toutes les espèces de grains. — Mais d'abord, il en réfère à ses Ancêtres,

C'est bien ainsi que, sans retard, sans regrets ni fièvres ni flux dans les humeurs, il convient d'accepter et de contempler Automne : mais, saisissez bien l'instant unique : ne tardez point dans votre intervention : n'omettez le geste des semailles : lancez les astres roux par le champ sans nombre et sans lieu : semez les germes à plein ciel...

Tournez vous enfin du dernier quart d'horizon. Toute forme et toute apparence sont bues, toute couleur dissoute hormis le bleu. C'est une cave d'azur, un vide séparant le ciel de la terre, en raison de ce décret : Que les émanations d'en haut demeurent en haut, et les effluves d'en bas, qu'elles ne lèvent. Que ni le Ciel ni la Terre ne communiquent et ne s'accouplent : que les valves soient toutes fermées : qu'il n'y ait plus aucune aspiration sensible, aucune aventure en ce bleu, aucun tonnerre sous ce globe, aucune pensée sous les fronts : que le Sage s'abstienne sagement d'agir : point de désir et point de répulsion : seule, que s'épande la transparence, — le diaphane craquant dans l'air sec, — seul, que règne le bleu pur, le bleu dur et bleu.

A cet étendard, à ce déferlement de l'azur vous reconnaissez l'avènement d'Hiver dans son royaume à la Chine du Nord. C'est bien lui. Ce que vous venez de voir est la première

NÉOMÉNIE DE L'HIVER.

Ce que vous allez enfin voir est en revanche, irrévocablement, la Dernière des Peintures Magiques.

Et vous conviendrez de vous-mêmes qu'à la suite de celle-ci, si est impossible d'imaginer une de plus, — même par ordre du Souverain régnant.

Cependant, ce n'est là tout d'abord qu'un grand mur, de couleur indécise, fait de briques et de gravats ; — avec des taches, des imprégnations, des efflorescences givrées, des moisissures noires ou neigeuses : l'une, en forme de toit de Palais, — (suivez la corne dans l'air gris) ; cette autre, accusant le sillage d'un vol triangulaire ; cette autre, un rocher surplombant, et celle-ci toute médiane, plate comme une paume et des doigts étalés pour recevoir, portée comme une offrande par ces colonnes, hantée de génies, — voici la terrasse losangique, déjà vue, déjà reconnue...

Et tout l'air supérieur est un battement de prodigieux oiseaux blancs : des flèches bien empennées, aux becs acérés, aux pattes rouges et fines : chacune enlève son vieillard de front énorme et bossu, les joues roses, les yeux piqués du point magique, la barbe et la robe claquant au vent du sillage, mais noblement.

Et tout en bas, la mer abyssale, vertigineuse, (si quelqu'homme se trouvait là pour avoir peur et tomber.) Mais ceux qui naviguent par là, ne sont tous que Génies voyageant à voie des airs. Et cet espace prestigieux, ce *mur* ainsi décrit, n'est pas autre, — vous la reconnaissez, — que la Première des Peintures Magiques : c'est, de nouveau, la

RONDE DES IMMORTELS.

Trait pour trait, et presque mot pour mot. La fin est donnée dans le départ, le dernier nombre inclus dans le premier et celui-ci dans l'infini. Un est un. Deux même est un si vous le désirez. Rien de ce que vous touchez quotidiennement n'a de solidité. Tout ce que vous venez de voir, existe, si vous l'avez bien su voir. Mais ne faites point comme cet Empereur peu lettré du temps de SONG, à qui le Peintre vantait cette Peinture et les autres déjà déroulées, et qui se prit à soupirer lourdement.

Devant ces Palais dans les nues, devant ces abîmes accessibles, ces faces hantées, ces palpitations éclatantes, ces supplices pieux, ces lèvres rouges et ces flammes amantes, ces paysages écarquillés mieux que des visages, ces êtres démoniaques ou gesticulants, ces vies incarnées dans la soie, la porcelaine, les laques ou les laines; le triomphe réglé des quatre saisons dans le ciel, — l'Empereur se prit à soupirer lourdement. Il déplorait que tout cela ne fut pas de son domaine, de sa maison.

Ayant surpris le désir grossier, le Peintre, sans sourire, frappa trois fois de ses mains. Et voilà qu'une porte dans la Peinture, là, — au bas de ce mur, — voici qu'une petite porte s'ouvre là : regardez bien tout au fond : un chemin s'ouvre tout au fond.

Le Peintre dit, avec politesse ;
« Qu'on me permette de passer devant. »

Et il passe, franchit la porte, s'engage sur le chemin, s'enfonce et monte comme le vent d'une chute inversée...

Il devient petit ; puis : un point. Il devient esprit et disparaît.

L'Empereur aussitôt veut le suivre et franchir de même la porte... fermée, effacée. Toute la Peinture et les autres déjà déroulées ont disparu. Le mur est de nouveau gris, taché de gris, fait de briques et de gravats.

Le Peintre seul et ceux qui savent voir ont accès dans l'espace magique.

II

CORTÈGES ET TROPHÉE DES TRIBUTS DES ROYAUMES

Un seul rouleau de soie, haut à peine d'une coudée, mais long, — vous le verrez, — plus long que le célèbre paysage étalé sous le pinceau qui suivit le cours entier du Grand Fleuve ; et plus long que la séquelle interminable des Dix Mille Génies, ouvrant les portes au Palais de cristal noir...

... Non ! Ne déroulez point de haut en bas : ce n'est plus une Peinture Magique, se jouant de haut en bas ou à l'envers ou vers le profond de l'âme ! Etendez celle-ci de droite à gauche, et de l'une à l'autre de vos mains.

D'ailleurs, ces quatre grands caractères, placés comme un titre en exergue sur la volute enveloppante, sont là pour avertir justement de la nature, de la valeur, du *sens* des figurations peintes qui vont se succéder. Ils forment une phrase complète et bien balancée que l'on doit lire :

CORTÈGES ET TROPHÉE

DES TRIBUTS DES ROYAUMES.

C'est donc un *défilé horizontal* de choses *précieuses*, venant de par *toute la terre*, marchant vers le *même* but pour se composer en un *même* lieu, aux pieds de quelqu'Un.

C'est donc aussi le Voyage, — le pouvoir dans l'étendue, la présence de ce qui n'est point ici, qui vient de loin et que l'on va chercher si loin : — le DIVERS, — qui n'est pas ceci que nous sommes, mais *autre*, et donne aux confins du monde ce goût d'un autre monde, — s'il se pouvait par delà le Ciel trop humain. C'est le Voyage.

Non pas dans les nues ; — comme la longue et lourde chenille bavant à tous les pas, il est collé au plan terrestre. Reconnaissez malgré tout l'artifice, magique malgré tout, du Peintre en plein geste de synthèse : l'Étendue, il vous la réduit et la condense comme l'air vitrifié par l'alchimiste à son fourneau ; vous en disposez entre vos mains : vous la roulez de l'une à l'autre ; vous fixerez le paysage fuyant, et vous poserez où il vous plaira le domaine de votre vue.

Et bien qu'ici tous les personnages soient en mouvement et marchent vite, tous ces tributaires, parfois bien montés, vous les dépasserez du tranchant de vos ongles comme un esprit aiguisé rattrape et devance le cours des moments. Vous pourriez même obliger les Cortèges à reculer et les fleuves à reboire leurs sources... Vous ne le ferez pas ! Vous ne reviendrez pas en arrière ; et vous ne croirez pas non plus à la poussée fidèle du passé : c'est devant, c'est au loin qu'est la force tirante : déroulez donc indiscontinument de la droite vers la gauche : n'entravez pas la procession... Et vous savez où elle va ?

Vers LUI, Centre, Milieu, Fils unique du Ciel-Un. — Le voyage est beau, certes, mais par principes, interdit à l'Empereur hors du palais des Barrières. Ceci donc a été peint pour remédier à cela ; pour que les dehors et les ailleurs accourent ici et se justifient d'absence. De même qu'un Edit, quelques traits de Son pinceau, pénétrant les extrêmes, s'en vont apporter chaleur et justice et la paix et la satisfaction à tous les sujets de l'Univers, — inversement, tout ce qui d'abord est distant, vient tôt ou tard, par respect, par ruse, par gré ou par force, Le rejoindre, se soumettre et fondre en un seul hommage devant LUI.

*
* *

C'est du moins le sens de l'Inscription, d'une belle cursive, qui commente le titre et occupe la première brasse du volume. Déroulez.

Sur deux brasses de plus, vous ne voyez qu'un champ neutre constellé d'éclaboussements d'or qui vont laver vos yeux des brouillards casaniers et des spectacles quotidiens...

... Vous voilà avec le regard net et poli du miroir. Voyez les couleurs, si pleines et si fortes à vos yeux bien préparés, qu'elles débordent leurs contours et le trait. Ce sont des bleus moussus et des verts, des turquoises vivantes, des champs olivâtres, des versants de cendre bleue ; des sommets cernés de courbes plus nobles que les deux bosses du chameau jaune... Déroulez.

Sous votre main gauche apparaissent, luisant dans le vert des fourrés, de beaux rouges, et ce clinquant métallique du fer : la marque de l'homme. Puis ces formes non plus naturelles : des lances à crocs, des lames, des piques, une hampe sans feuillage balançant sa touffe de poils fauves... Et ces jouets, et ces oripeaux, marchent, portés dans un balancé de marche, de droite à gauche, dans le sens, toujours, de vos yeux. Déroulez.

Un large ravin se creuse. Voici le premier Cortège que vous dépassez un à un : des chevaux, des chevaux de tant de sortes ! On en doit remarquer dix de vraiment incomparables : ce noir de sourcils noirs, ce gris de pluie, deux écarlates, un citron pâle, un fleur de pêcher, le tigré, le moucheté, cet écailleux et ce dernier velu comme un ours ! Ils sont plus grands que les mules de char. Voyez ce cou, et cette crinière tressée. Voyez ces poitrails et ces croupes fuselés par l'allongement des quatre membres au plein galop !

Ces animaux sont réputés pour leur grand mépris pour le vent : s'ils ne le dépassent, ils pleurent, s'arrêtent, puis repartent et l'on dit qu'ils vont jusqu'à suer leur sang. Et ils couvrent bien mille lieues, de l'aube à la tombée du soir.

Les gens qui les mènent, à pied pour ménager les bêtes, semblent des hommes très fatigués, peu vêtus malgré la richesse de leurs loques et portant ou traînant des fruits en grappes que l'on dit source d'une boisson admirable, pleine de saveur, de sagesse et de gaîté...

Devant eux, un homme hâve, harassé, conduisant le premier tribut, est Tch'ang-Kien, émissaire du grand périple occidental. Il est sur le retour de ses treize ans d'aventures. Il est maigri par le temps, la force donnée, le choc répété des lointains, — et sa figure usée à l'haleine rugueuse des glaciers. Si vous le voyez ainsi, peint en avant de tout autre cortège, c'est que, le premier, partant du Milieu et crevant la barrière, il « fit le trou ». Et depuis, l'Empire, en effet, converse avec ces pays aux noms âpres de Bagdad et de Ferghana, et cette merveilleuse Sogdiane, patrie des beaux chevaux, origine du vin !

Le tribut exigé se double de dons volontaires plus précieux : les Princes d'une autre ville investie là-bas, on ne sait où, ont coupé la tête de leur roi, afin de la présenter en hommage ; — et c'est pourquoi, par juxtaposition picturale, vous voyez Tch'ang-Kien presser sur sa poitrine cet objet rond, de la grosseur d'une gourde, enveloppé d'un tramé d'or d'où suinte un peu de rouge-sang et de brun.

Devant lui, plus fraîche que les chevaux, les grappes et la tête coupée, voici, portée à quatre, en litière, voici la Fille même de ce roi Sogdian. — (Par décence, vous n'en découvrez aucun trait.) Mais elle va, mêlant le deuil à l'espoir et les larmes aux cris de marche, elle s'en va, servante, concubine ou épouse promise... Daigne le Souverain, dans le Palais du Milieu, accepter de prime droit les chevaux, le vin, la tête et celle-ci que l'on dit fort belle, mais pâle avec sa couleur de peau-de-morte...

Déroulez. Ce premier tribut des confins s'engage en cette passe de montagne et se perd, tâtonnant par un chaos sans routes derrière d'autres monts tumultueux...,

Plus avancés, ceux-ci débouchent d'un lit de torrent à sec ; route fortuite, mais voie d'Empire, dont les galets sont les dalles et les gros blocs erratiques, les tours de veille. Bien qu'étrangers, ces gens marchent sans guide. Ils viennent peut-être de plus loin encore que les chevaux de Tch'ang-Kien ; de plus loin que Ferghana et que Hira. Ce sont les envoyés d'un roitelet, Ngan-tong, ou, comme ils prononcent avec emphase : « *Marcus Aurelius Antoninus.* »

Ils ont la tête ronde, les cheveux courts ; et voyez leurs nez volumineux, leurs yeux non bridés, vraiment trop fendus, leurs allures un peu trop cadencées. Ils ont des habits courts, des chars petits ; les mains pleines, —

non point de monnaies de bronze marquées du vrai règne, — mais de piécettes qu'ils prétendent argent et or, — non trouées, impossibles à pendre en ligatures. Dans leurs bagages, qu'ils ont soin de bien laisser voir, il y a ces tissus brochés, charnus comme des peaux, et d'autres étoffes sèches, — on dirait minérales, — que le feu lave sans enflammer ; il y a des arbustes rouges qui sont de corail ; des parfums desquels on ne peut savoir ce qu'ils fleurent ; du storax, qui est le jus accumulé d'un nombre de plantes vertueuses à la sève forte. Ils ont l'escarboucle. Ils ont l'ambre, si doux à la pulpe et si léger qu'on le saisit en l'élevant plus haut qu'on ne voudrait... et où le regard se noie... l'ambre tiède aux chambres de miel...

A bien les suivre, avec leurs jongleurs qui crachent des flammes, entourés de ballots qu'ils étalent volontiers au bord de la route, pour des échanges, on peut douter qu'ils soient porteurs accrédités d'ambassades... simplement, des marchands bien avisés !

Qu'on les laisse partout passer en paix. Ils témoignent du retentissement reculé et du son de l'Empire. Qu'ils aillent donc jusqu'au Palais du Milieu où Ses regards s'amuseront peut-être de leurs faces ; jusqu'au jour, où, convaincus de fausses pesées, de négoces défendus, ils porteront dans les prisons basses le dernier tribut de leur sang et de leurs os mélangés. — Et laissons les vite en arrière.

Atteignons ceux-ci, qui viennent du Sud au grand soleil de l'Annam et du pays Champa : des hivers où jamais l'eau ne se prend en glace ; où la neige se raconte avec incrédulité et se conserve, si elle tombe, dans de précieux petits coffres. C'est pourquoi vous voyez qu'ils sont nus : malingres aussi : non point de la chair des Cent-Familles. Ces yeux caves ! ces cheveux tordus en chignons sans épingles ! ces anneaux dans les oreilles ! Le cou chargé de colliers ; les poignets lourds de bracelets, (car ils ne savent quoi faire de leurs mains) ils tendent par jeu des arcs inutiles ; ils sonnent dans des conques aigres et griffent la peau de leurs tambours.

On les verrait seulement ridicules s'ils ne conduisaient, vivantes et musclées, ces montagnes en marche, ces êtres gris, nés du soleil et du chaud : quatre jambes, rondes et larges comme des poteaux de temples : des oreilles en éventail, un nez docile, étiré sur deux brasses de long : ceux-là qu'on nomme « éléphants » s'attelleront très dignement au char du Fils du Ciel, — ou, s'Il dédaigne, — feront de bonnes montures de combat. Deux d'entre eux, à la peau verte, déjà vêtus de cuirasses... remarquez ce tout petit sachet doré qui pend à leur cou.

C'est le baume des batailles. C'est plein de fiel humain recueilli durant les nuits de chasse à l'homme : vienne la victoire obligée, on en frotte le front de ces gros animaux, et soudain convaincus, emportés, fous d'écraser et de broyer, ils trottent dans les champs d'ennemis, récoltant les têtes comme des grains, écrasant les troncs, et, cabrés, ils barissent de joie.

Et près d'eux, issues comme eux du chaud et du soleil, se courbent les palmes trop mûres, épuisées, pourries de beaux jus fermentés dans la sève ; des fleurs grandes comme des visages aux oreilles battantes ; des brassées de racines d'un goût soporifique. Parmi ce déroulé qui, passant de votre gauche à votre droite, alourdit cette main et allège l'autre, se glisse un troupeau de femmes appelant leurs mâles, — occupés à bien d'autres jeux ! Pourtant, elles vont libres, sincères comme des fruits réclamant les bouches, couvertes seulement jusqu'aux seins, le dos et les reins tout nus, les désirs au vent. Elles n'attirent point d'autres regards que les vôtres. A peine dignes de marcher dans ce défilé d'hommage, à peine peut-on les dire femmes au regard de la moindre serve aux antichambres du Palais. Justement la route est longue jusqu'au lieu du Maître Unique. Elles seront épuisées et vieillies avant de souiller de leurs ébats le congrès cérémonieux du Prince agréant ses concubines.

Elles se cachent deux par deux sous les fourrés étouffants.

La montagne reprend et envahit. De nouveau, les courbes des versants se balancent d'un bout à l'autre de l'étendue ; puis se dressent, se brisent, et pénètrent le ciel de leurs pics. Il n'y a plus de chemin passant ; il n'y a plus même de chemin possible, autre que les sillons du vent où les oies lancent la charrue de leur vol triangulaire.

La houle des monts se propage ; les pays tendent leurs échines. La terre grossit. L'air est rare. C'est le sacrifice du sol d'en bas ; c'est aussi l'apport incessant des hauteurs : — comme toute chose, ceci est en marche latente vers Lui. C'est le château d'eau d'où les fleuves, drainant ses provinces, découlent ; la tempête solide dont les vagues s'en vont border ses horizons : c'est le TIBET dans sa double offrande. Pendant que la masse se hausse, le trophée mouvant — nuages et eaux vives et ce grand vent torrentiel, dévalent et cascadent sur ses Marches Occidentales.

Déroulez avec lenteur : progressez noblement comme les caravanes : comme ces bœufs largement encornés et habillés de poils ; comme leurs conducteurs majestueux dans les vastes habits grenats. Leurs grandes faces laquées par le souffle d'un vent dru, leurs grands coffrets, — où sont leurs saintes choses, — suspendus et battant à leurs grandes poitrines, ils descendent à grandes foulées que vous auriez peine à suivre. Ne cherchez pas, même du regard, à vous opposer, à remonter. Tout vient d'en haut ici, avec la conscience de cristal pesant du glacier et la force lourde de l'air froid.

Ils vont. Leurs seuls abris... des tentes aux couleurs rances. Ils préparent une bouillie de grains, ayant récolté, pour le feu, la fiente sèche. Ils battent et conservent le lait, afin d'en tirer une graisse jaune dont ils font cas, — affamés ou miséreux à ce point de traire des femelles d'animaux !

Pour s'accoupler, ils ont ces femmes, peu différentes d'eux-mêmes, avec un grand visage d'antilopes, les cheveux nattés, les mollets forts et les pieds gros. — Est-ce donc rien de tout cela dont ils sont orgueilleux ? Est-ce pour rien de tout cela qu'ils marchent vers Lui, des mois entiers, sur ce dévers de la plus haute montagne ?

Aller ainsi est leur bien et leur richesse. Prêts à se battre, prêts à dormir, prêts à se partager en frères la même femme conjugale ; prêts à prier, prêts à mourir solitaires : voilà ce tribut secret, ce savoir, — la simplicité des cimes — voilà ce qu'ils transportent avec l'odeur des neiges et de l'air. Voilà ce qu'ils vont présenter.

Ils descendent. Ils passent. Et nul ne pourrait les contraindre...

Un ravin sombre plein de nuit, traversé de lumières en marche. Suivez-les, et non pas au hasard : voyez mieux : chacune procède au-dessus des deux bras levés d'un homme qu'on appelle : « Porte-rameaux du soleil ».

Ils ont en mains ces branches de l'arbre Jo et ces fleurs orangées, reflets des couchants. Tenues très haut dans le ciel et tournées vers le météore au moment qu'il disparaît, ces corolles s'imprègnent de sa couleur, boivent son feu, et continuent à luire. C'est pourquoi, les « Porte-rameaux du soleil » vont vite et sûrement dans la plus froide obscurité. Leurs visages, qui contemplent la fleur, resplendissent comme des lunes. Que leur marche soit gênée par ce geste élevé, ou leurs corps déformés sous des habits huileux, peu importe : ils possèdent ces astres d'après-minuit : ils méprisent et fendent la nuit. Suivez-les. — Mais ne désirez pas qu'ils abaissent, — même un instant — les bras pour se détendre : aussitôt, les fleurs s'éteindraient !

Suivez-les. Ils ont raison : le jour, demain va reparaître...

Le jour revient...

Un jour large, d'une étendue inquiétante : le ciel est double : le dessus et le dessous sont semblables et le sol manque à vos pieds. Déroulez donc tout d'un coup ce qui peut tenir d'espace eutre vos deux bras ; puis, ne bougez plus : il n'est rien qui doive changer dans cet horizon isotrope...

Et pourtant, sous vos yeux, cela change de peau, de couleur et d'humeur : cela n'est rien qui s'humilie comme la route. Et pourtant, pénétré du soc des carènes, cela est lacéré par les filets, battu par les rames, habité par des êtres myriadaires comme des oiseaux dans le vent.

Cela est plus vieux et fondamental que le continent solide : c'est la dormeuse, la pleureuse, la volubile mer dont on va dire le nom — (que tant de voyageurs ignorent)... Mais, ni la mer du Golfe où trois journées mènent d'un cap jusqu'à l'autre ; ni les eaux chaudes où les poissons filent comme des flèches et battent de leurs ailes libellules... Ni la Glacée, qui porte durant les mois d'hiver. — Celle-ci n'est pas froide et n'est pas chaude ; tiède juste au degré des larmes et de la pluie d'orage. Elle n'est point ici ou là. On la connaît tout d'un coup, devant soi, quand on espérait l'avoir fuie. C'est la mer de la Grande Nostalgie.

Ne lancez point au hasard la jonque, même éprouvée, où naviguent vos yeux. — Il vous plaît de vous y jeter... Réfléchissez, et répondez.

Avant tout, avez-vous tué en vous le regret innombrable comme les poissons vibrants ? — (Voilà ce passager qu'elle ne peut souffrir.) Avez-vous obtenu de vous l'oubli de vos femmes, et, plus que de toutes vos femmes, de celle-là qui, n'étant pas la vôtre, s'empara d'autant plus de vous ? Et jetez au vent la tendresse pour des enfants qui, sans doute, ne naîtront jamais : car on ne passe point deux fois cette mer. Et négligez le désir louable de saluer plus tard vos parents, de revoir les lieux puérils qui étonnèrent votre enfance. Trafiquants de votre retour, noyez d'abord dans l'eau pure toute envie de revenir plus tard, de faire de nouveau ce que vous avez déjà fait.

Sinon, n'embarquez point. — Il vous reste, croyez-vous, ces justes compensations à renoncer à la traverse : vos ballots, vos encombrants et riches ballots : toute une famille navigue avec vous ! Prenez donc le chemin de la terre, méticuleusement divisé, et qui d'ailleurs, par de longs détours, conduit à peu près au même but. Mais ne mouillez pas vos yeux des embruns de Grande Nostalgie. Détournez-vous. Déroulez. Atteignez vite l'autre bord. Atterrissez.

Retrouvez la route étendue. Vierge de tout marcheur, la Route marche sous vos yeux. Même déserte, elle demeure le lieu perpétuel et le lien des cortèges. Innombrable comme les veines dans le jade et les mailles au filet du firmament, elle trame ainsi la chair étendue de l'Empire. Ici, vous la voyez, étroite, dure, vertébrée : pour n'être submergée ni par la pluie ni par les récoltes : (trois récoltes en quatre saisons !) Elle se couvre de dalles de grès doux, gris et violet comme la terre, élastique au pas des sandales. Beau passage au tribut incessant, divisé, du pays de PA et de CHOU, procédant toujours à dos d'homme !

Suivez la route : elle s'élargit et se poudre. Elle se noie dans la poussière : elle devient vague et sans bords dans ces plaines septentrionales où le Peintre se refuse à la suivre...

Là-bas, le tribut se fait à grand charroi, ou par des caravanes lentes de chameaux, bêtes un peu trop esclaves pour figurer ici. Ici, voyez la route aux prises avec la terre, la falaise jaune, et ses châteaux et ses brèches, ses crêtes et ses murs. La route devient alors tranchante, et les pas piétinants l'incrustent de plus en plus profonde. La route descend dans la terre. Mais l'éboulement de toute une colline la coupe. Elle doit sauter à travers, et reprendre de plus loin.

La route poursuit. La route n'ignore jamais son but. Pleine de boue, ou dallée, la route est couchée de son long aux pieds du Maître.

Et ceux-là qui la couvrent maintenant peuvent enfin marcher allègrement. Ils sont petits, avec des membres vifs. On reconnaît sur leurs visages quelques traits communs aux Fils de Han. Mais combien grossis ! Voyez donc ces pommettes ! Ces cheveux mal plantés coiffant le front comme un casque ! D'où viennent-ils, avec ce pas mécanique, des mains vides, et les épaules non courbées ? Si on leur demande quoi donc ils ont dessein de présenter à l'Empereur, nul ne répond. Ils n'ont pas compris sans doute...

A dire vrai, ils sortent depuis très peu de temps d'une nuit originelle. Ce sont des enfants sans héritage, riches habilement de ce qu'ils apprendront. Sous leurs tempes de bois, il y a une férocité parentale. Au fond de leurs yeux charbonneux, un feu couve, sous de sournoises lueurs.

Le chef, petit comme les autres, répète sourdement une ambassade qu'il récitera aux pieds du Ministre des Tributs :

« On nous appelle « les Nains » ! Sachez que nous sommes du Grand JAPON qui est de fondement solaire. Nous ne portons rien sur les épaules ? C'est que nous venons tout apprendre, qui soit bon pour nous, et tout emporter. »

En effet, ils marchent en rangs comme de bons élèves. Ils méritent bien l'audience, et des enseignements.

Ils iraient tout droit jusqu'au bout, si la route, embourbée dans ce marais, ne laissait vivement vos yeux les devancer.

Et le marais se divise en canaux où se meuvent des chalands, — en longs rubans humides que des marcheurs, payés pour tirer à la cordelle, entourent de leurs piétinements. C'est ainsi que toutes les fanges, les flaches, les ruisseaux bus par les sables, toutes les eaux on dirait mortes, — pourrissantes, — joignent leurs biefs et drainent en un seul réseau les provinces.

Là-dessus, plus lents que les processions sur la route, mais capables et puissants, vont les bateaux plats chargés de provendes, de parfums pour l'odorat, de beau riz, gras et blanc pour les bouches. Là-dessus va la flotte de promenade que les bons charpentiers du sud ont taillée pour Lui, dans les troncs vernis, imputrescibles et légers. Les équipages sont alertes et attentifs aux remous. Il y a plus de cinq cents hommes, bien habillés des épaules au ventre, les cuisses libres pour marcher quand il le faut dans l'eau et le sable.

Se suivant exactement l'un l'autre, d'arrière en avant, vous comptez : le bateau des cuisines, le bateau des Officiers, puis des Conseillers. Celui des Eunuques, celui des Princes du sang. La Barque-Ailée pour les Princesses, le Nid-du-Phénix, demeure des deux Impératrices. Viennent alors dix jonques armées pour la guerre, et enfin, le Bateau-Dragon, qui est pour Lui.

Si long, qu'entre vos deux mains il se voit à peine en entier ! si haut, que la quatrième toiture mène son sillage dans les nues, qui refluent comme autour du poitrail l'eau fendue ! La carène est jaune et squameuse. La queue s'enroule et soutient le grand château de poupe sur le carré du gouvernail. Le patron à qui tout obéit, est cet insecte accroché aux écailles, — montrant, par le rapetissement de stature, la grandeur du Palais aquatique. Il fait un vent modéré, portant nord vers la Capitale : on a hissé la voile d'ocre, tramée de losanges. Le mât, laqué de rouge, ploie élégamment. Les hâleurs courent sur la berge afin de n'être pas devancés.

Vite, vous-même, pour n'être pas devancés, déroulez : ne vous arrêtez point à ce passage où l'eau baisse, où la rive se resserre, où l'on voit la fange monter, et les pieds, trempés à peine, s'envaser.

Si d'aventure, par jalousie de quelque dieu régulateur des canaux et des buses, l'eau venait à manquer sous la grosse carène, le Bateau jaune saurait bien naviguer quand même : tous ses tributaires à la suite, les centaines de chalands chargés de grains verseraient, sous ses flancs, cette moisson de leurs flancs : le Bateau-Dragon ferait sa route sur la mer céréale.

Et l'Autre, le Dragon, flotterait non moins léger sur ce brouillard en marche qui nous gagne, — (est-ce l'exhalaison des canaux et des mares ? L'haleine des eaux déjà mortes ?) Cette vapeur est semblable aux fumées qui accompagnent ou dissimulent ces êtres qu'on ne peut dire « humains » malgré parfois leurs espèces humaines. C'est le souffle d'un esprit, égaré au milieu des pesants apports de toutes parts... Une sorte de Tribut intellectuel !

Ne soyez pas dupes ! ne vous laissez pas aveugler. Donnez à votre regard le vrillement des petits yeux du Grand-Elastique : percez ce brouillard... Déchirez, écartez les lambeaux gris...

Découvrez des couleurs encore, des bannières, des oriflammes, et tout d'un coup ces rouges et cet or se mouvant à travers le vent. Voyez cette ambassade ; ou plutôt, balancées très haut sur les têtes, voyez ces images : un homme presque nu, suspendu par les deux bras écartés, la face ceinte d'un grand rond d'or qui fait une gloire bien pleine. Courbés devant lui, voyez ces monstres à visages doux, — on ne peut dire mâles ou femelles — l'œil baissé, caché par de jeunes paupières ; les mains unies et pointues, de grandes ailes d'oie céleste attachées aux deux épaules et le front rayonnant de feu !

Telles sont les enseignes en marche d'un convoi inexplicable si des inscriptions, çà et là — que l'on peut lire, — ne le déclaraient « religieux ». Il faut croire aux bienfaits de ce qu'il prône, car les étoffes et les signes brodés sont cossus : et cette troupe ne va point dans le désordre des pilleurs de grand chemin.

Quant aux porteurs, messagers ou adeptes, on les voit assez médiocrement vêtus de bure et de boue. Ils s'en viennent, parlant, enseignant, prophétisant. Ils ne prétendent à rien de plus qu'à révéler ces images et des paroles, à commenter un signe déjà connu : ce caractère : 十 CHE, « dix », dont les traits en croix ont peut-être une signification nouvelle : le pouvoir d'un pacte, une alliance... le tribut d'un dieu nouveau-né ?

Daigne, daigne parmi les autres, le Fils du Ciel agréer celui-là.

Voici l'arrêt : d'un seul coup le paysage se fend : une grande falaise sèche est dressée sur la plaine, et, couronnant la crête, dix mille dix milliers de chasseurs mongols, droits en selle, arrêtés au bord du saut, surplomblent et regardent...

...regardent de tous leurs yeux de convoitise. Ils viennent du Nord, Terre des Herbes et du froid : vous le sentez, tous ont à la peau dès leur naissance l'odeur du crin de leurs chevaux. Tous cuirassés de cuir lamé de fer, prêts à la fuite et à l'attaque, il viennent à l'instant de butter là, au bord du vide, et ils jettent leur dévoration sur le champ étendu sous leurs pieds.

Il est impossible de les nommer véridiquement « tributaires » ceux-là, — dévastateurs des villes qui, sommées de se rendre, refusent. — Et cependant, par leur obstination acharnée, par leur rage à conquérir le fond bien cadastré de l'Empire, ne témoignent-ils pas d'eux-mêmes qu'ils ne possèdent rien, ces coureurs de la terre, s'ils ne tiennent d'abord cette Fleur du Milieu ?

Car c'est elle, car c'est l'Empire, car c'est le Sol qu'ils convoitent qui s'étend à leurs pieds. C'est pour lui qu'ils ont abandonné les clans familiaux et les pacages de la horde ancestrale. Leur convoitise, suspendue là-haut, n'est-ce point à sa facon, le plus formidable hommage ? Car l'Empire, conquis par eux, les absorbera jusqu'aux os. Ils apprendront son langage, ses manières, ses moindres coutumes. Ils lui feront holocauste de toutes leurs grandes puissances guerrières, de tout le sang de leurs races, — innombrables, indomptables.

N'est-ce point le plus obséquieux des tributs dont ces fiers brigands du Nord détiennent le don ?

Mais sautez, de la vue, la falaise. Tombez au milieu de la plaine, à l'acculée de l'arche de ce pont élégant, circulaire, parfaitement symétrique de son reflet dans le canal.

Et il se fait dans l'air, dans l'eau, dans l'espace, à l'image de ce pont, un trou circulaire, à la fois un répit et la jonction dedans le ciel. (Ce qui montre que, malgré toute hâte, il ne faut pas se précipiter en tumulte vers Lui.) Quel que soit l'empressement, les Tributs devront ici s'alentir, s'espacer, s'ordonner, s'élever tour à tour sur le gros dos de ce chemin convexe, décrire un arc, toucher le Ciel et venir enfin déboucher...

(Déroulez, déroulez vite jusqu'au bout...)

... à l'orée de cet hémicycle, fermé à droite par la falaise déjà vue, ouvert à gauche à tout l'horizon d'une mer. — Au centre, suspendue entre le dais d'un ciel antique et le gris écailleux de la mer, une terrasse, multiple du nombre neuf, porte en haut de ses dix-huit marches :

LUI, FILS DU CIEL,
EMPEREUR-SOUVERAIN.

Vous le voyez ! Vous êtes admis. Vous avez l'audience. Discrètement vous jetez quelques regards sur ce qui vous entoure...

Lui, ne regarde point vers la mer ; mais du haut de sa grève détachée comme une péninsule au fronton du continent, il daigne contempler l'Empire en marche, la Terre dont il va recevoir l'apport. Attentif à cette venue magnifique, il est ainsi très hautainement isolé. L'hommage seul, comme une haleine, montera donc seul jusqu'à Lui. Le Tribut cheminant lourdement sur les routes, voici le lieu qui, tout d'un coup, le contient : voici le plateau d'offrandes empli de tout ce qui fut successivement déroulé, dépassé, dévisagé, et qu'il n'est pas besoin de peindre à nouveau pour qu'il se retrouve ici, gonflé de couleurs, amassé, amoncelé :

— Les beaux chevaux du pays Sogdian ; la tête du Roi et la fille : la vigne et le vin ; les pacotilles occidentales ; les éléphants, et ces fleurs du soleil, et ces corolles ensoleillées malgré la nuit : toutes les provendes quotidiennes que chaque Préfecture, chaque district, chaque vallon sait produire en son temps et son climat, et aussi l'offrande insolite du nouveau dieu s'en allant faire hommage au Fils de l'Etre qui englobe tous les dieux, fonctionnaires célestes, comme il administre les humains.

Enfin, enfin voici l'Autre, en qui s'est complu le pinceau :

Si belle qu'on ne peut la regarder sans pleurer : si rare qu'on la tient pour irréelle, la *Licorne* même, d'elle-même, vient se joindre à tous les rendant grâces, et, promesse de félicités pour le peuple, témoin de mérites pour l'Empereur, danse à Ses pieds un pas élégant de parade !

Lui est seul, entre Ciel et Eau, face tournée vers la Terre, le visage rond comme visage d'Immortel. Sur le vêtement supérieur et inférieur, il y a les douze emblèmes affirmant possession du Monde : de haut en bas, de la tunique à la robe : Soleil et Lune ; Astres ; Monts ; Phénix et Dragon ; Vases ; Algues ; Flammes ; Haches et les Principaux Caractères.

C'est Lui. Reconnaissez qu'Il est unique sous le Ciel qu'Il joint de la tête aux pieds à la Terre. Quel Souverain fut jamais ainsi à la fois homme et sacré ?

C'est bien Lui, — et tout s'en vient le reconnaître, Lui, — non pas tel Empereur ou tel autre, mais ce singulier successif élu par mandat du Ciel ; ce Présent jour aux lendemains obscurs ou pleins de rayons ! Régent dont le nom est marque de règne ; chaînon dans la chaîne dynastique ! Si près et proche de son peuple qu'il se doit et doit se dévouer jusqu'à la foudre et la pluie et l'opprobre au seul bonheur de ce peuple ; si haut dans le Ciel vertigineux qu'il y plonge sa tête responsable et réunit en médiateur les deux Principes qui se conjuguent à travers Lui.

∴

Et voici, en un seul TROPHÉE, voici devant Lui, les provinces, les routes, les marches des Royaumes, les confins et l'arrière espace, le Dessous de tout le Ciel.

Daigne l'Unique agréer le Divers, et sans mélanges en goûter les sèves fortes.

Daigne le Maître agréer ses vassaux et faire le signe qui permette à tout ce qui précède d'exister,

— ou bien, le récuse...

III

PEINTURES DYNASTIQUES

Mencius dit :

Que le Sage et Saint très officiel, Patron des Instituteurs, Modérateur à la solde des Princes, — Confucius, du pays de Lou, — se promenant un jour, un pied décemment après l'autre, dans l'antique palais de Tcheou de Lo-yang, levant modestement les yeux sur les murs, aperçut les figures peintes et comme vivantes des bons Empereurs, Yao et Chouen, et du Grand Yu premier de HSIA. Le Maître, vénérant les images avec un ravissement modéré, témoi-

gnant une joie qui n'allait point jusqu'à l'extrême, donnant un enseignement juste, le Maître dit :

« Voilà comme les maisons bien gouvernées commencent !

Voilà comme se fondent les familles et grossissent les clans ! »

Mais, parvenu plus loin en face des peintures des tyrans jugés détestables, il marcha tout à coup obliquement, dérobant à la fois ses yeux, son geste et son esprit, fuyant discrètement ces grands exemples infâmes, et contenant son abomination.

Puis il s'en fut, suivi de ses disciples, d'un pas toujours mesuré, le pied gauche par devant.

∴

Ni le Maître, encore moins ses disciples, soyez en sûrs, ne daigneraient se commettre avec nous, et n'auraient assez de mépris pour le spectacle où je prétends vous complaire. Ce ne sont pas les Bons Empereurs que j'ai charge de peindre ici. Saluons les, en passant, saisis d'un respect historique. Arrêtons-nous devant les autres.

Les autres, ces ruineux, ces destructeurs, Derniers de chaque fin dynastique, ces Fils mauvais du Ciel qui s'en vont, « *ceintures dénouées, par les chemins exécrables* »... vous conviendrez qu'ils ne sont pas moins dignes d'être vus, n'étant pas moins nécessaires ! On louange les Premiers en les nommant Fondateurs, Rénovateurs, Justiciers, Mandataires du haut et pur Seigneur-Ciel... Mais comment donc rénover, comment restaurer l'ordre sans tout d'abord instaurer le désordre ? Comment s'éprendre de la justice et exciter les beaux exploits pour elle si l'Injuste de temps à autre ne règne en dansant sur le monde ? Comment obtenir le Mandat, si des précurseurs à rebours, dévoués plus qu'à la mort, jusqu'au mépris posthume, ne préparent l'œuvre inverse ?

Les Premiers ont fait l'Empire et soudé les chaînes dynastiques ; — il fallait parfois en reforger au rouge les maillons. Rendons grâces et justice enfin à ceux-là dont les perditions successives engendrèrent tant de renouveaux.

*

C'est donc eux seuls que nous contemplerons. Je vous en promets un spectacle divers. Ils ne récitent pas une scène de vertu bien apprise ; nul Livre n'enseigne ou ne permet un seul des gestes qu'ils font. Saisis de spécieux vertiges, ils dissertent, ils divaguent, ils se démènent. Hagards et imbéciles ou logiques et clairvoyants, on les reconnaît toujours possédés de ce singulier génie plus changeant que le dragon myriadaire : Génie du Déclin dynastique. Les mieux inspirés, les plus forts, vous les verrez, menant leurs derniers jours et des moments bien comptés, à travers les fêtes, les musiques, les fleurs, les meurtres et le vin ; vous les verrez entraînant avec eux dans la chute leurs amis, leurs favoris, des maîtresses parfois payées du poids d'un royaume, leurs familles, leurs ancêtres mêmes qu'on déterre et détrône avec eux.

*

Il n'y a point que des chutes retentissantes. Beaucoup n'ont pas eu l'honneur ou le talent de périr avec beauté. La mort sous le fer est rare ; certains ont dû boire le poison par ordre ; quelques-uns préféraient l'ivresse absolue de l'idée, la sainteté, non moins fatale. D'autres s'évadent et finissent n'importe où. D'autres ne finissent pas du tout, et voilà les seuls vrais coupables... Mais chacun d'eux, par quelque trait, a marqué l'histoire de son sceau, et tous accompli jusqu'au bout l'holocauste au temps, — nécessaire, vous dis-je, et préparé le recommencement. Qu'ils soient dignes d'une dévotion, d'une jalousie humaine ! Ce qu'ils ont fait, n'est-ce pas méritoire, inversement vertueux, plus difficile peut-être que l'exercice quotidien de toutes les vertus.

Venez. Que ceci soit une lente marche à travers les Palais dynastiques : quatre mille ans d'un seul règne indiscontinu dans sa fonction ! Venez. Voici la fin de la première époque : précisément ce tableau qui mit en fuite le Sage avec ses disciples !

C'est le

TRÔNE CHANCELANT DE LA MAISON DE HSIA.

En bas, une grande confusion ; une tempête marécageuse de couleurs et de formes on dirait animales ; et c'est une assemblée de trois mille hommes, à plat ventre.

En haut, le Seul, — dont on ne voit pas la figure car il est trop loin dans les âges : le dix-septième et dernier de la première famille : le premier de ceux qui tombèrent. A la courbe des épaules et des bras, et par le dessin des muscles ronds, on sent qu'il est très fort et hardi, et que ses nerfs en vibrant ont le son dur des tendons du taureau, et que ses mains qui tordent le bronze, déchirent tout vivants buffles et tigres. Voilà les vertus qu'il incarne, méprisant la vertu que les autres vénèrent.

Mais il est peint ici moins prêt à la chasse ou au meurtre qu'au rut ; et ses bras, dans ce geste, n'étouffent et n'étreignent rien d'autre que la délicate fille qu'il aime, la Mei-hsi au sourire rare à la bouche violette. Le puissant baiser emprisonne un sein fragile qui bat et rougit de plaisir, et d'où jaillirait sans peine, — non point le lait aigre des mères, — mais le sang des nobles amantes.

L'un et l'autre ils retardent le moment éperdu pour contempler un peu plus longtemps... ce que vous voyez aussi, maintenant, dégagé du tumulte primitif : un spectacle ordonné comme une grande fête : ils trônent au sommet d'un amas de viandes en tas, ce piédestal fumant et comestible.

C'est une montagne dans une île, car à l'entour, un fleuve de vin coule et s'épanche en rond. Sur la rive concave, les trois mille hommes boivent du nez, des yeux et de la bouche le flot composite que la libéralité du Prince répand, et mesurent, au delà du fleuve, les promesses du monceau de viandes. Cela fait un immense hommage encerclant le Fils du ciel et la compagne choisie. Cela fait trois mille désirs grossiers, populaires, rehaussant et célébrant, mieux que paroles nuptiales ou chants d'orgies, l'union proche, la consommation de l'acte impérial.

La foule boit avec avidité, et veut manger aussi avec sincérité, car ils furent affamés et assoiffés, neuf jours durant, par ordre souverain. Quelques-uns, peu empressés, sujets maladifs ou ingrats, — des satellites appostés, à coups de fouets et de piques, les forcent à lapper aussi, à vénérer le Prince comme il lui plaît, dans la majesté de son désir.

*

On ne peut dissimuler que çà et là, des taches dans le ciel des confins, de mauvais prodiges n'apparaissent : une planète est sortie de sa route ; il y a cet astre chevelu ; le visage de la lune est double ; et plus inquiétante, plus fatale que prodiges et signes, dans l'ombre monte la face vertueuse du fondateur de la seconde famille...

Celui-ci vaincra et renversera l'Autre ; l'histoire est là pour témoigner. N'est-ce point elle qui décide officiellement du mérite ? C'est pourquoi l'histoire a décerné à celui-ci, patron des rebelles heureux, le titre honorable de Vainqueur, — et jeté à l'autre — ce plus fort, ce plus mâle, ce plus homme de tous les hommes, — le surnom posthume d'« Inhumain » !

PERDITION DE CHANG-YIN

N'essayez point ici de tout voir d'un seul coup. L'œil de l'homme ne peut percer d'un coup les étonnantes inventions d'une femme ; et le Peintre, afin de ne rien omettre, a compartimenté la surface. Cet assemblage minutieux de petits tableaux représente les jeux de l'Ingénieuse, la fille aux délices nombreuses. D'autres aiguisent leurs doigts à enguirlander les étoffes, à dorloter les vers à soie dans la chambre tiède... Celle-ci préfère tramer sa vie en la chaîne des jours, et vêtir de ce tissu ardent le corps de son amant Impérial. Mieux que les Maîtres antiques, elle est ici Éducatrice, Inspiratrice, Poète de la Perdition de CHANG-YIN.

•

Ceci donc, comme œuvre de femme, est à la fois imprévu et délicat. Ceci n'a d'autre vouloir que de plaire, et, disculpé d'avance, peut être contemplé au hasard. Voyez :

Une tour au milieu de la plaine. Une fière tour de jade rosé aux vingt portes de jade pâle marbré de vert, (celui qu'on nomme « chair de cadavre »). Elle étage en retrait ses dix assises ; unissant le Ciel impitoyable, bleu et sec, à la terre plate, livide, altérée par dix années de sécheresse. Un symbole ! Mais, approchez : regardez mieux ces nuées qui s'échappent des murs vibrants, — (comme l'Influx pour qui tout est translucide...). Et même, *écoutez* ces nuées, en passant discrètement d'un sens à l'autre, d'un monde à l'autre, du spectaculaire au sonore : Ce sont les musiques des neuf centaines d'instruments placés par elle à chacun des neuf étages et qui doivent incessamment jouer des chœurs non moroses, non conformes, non antiques, superposant ainsi leurs neuf Ciels : airs de danses fardées, airs de joie, airs de danses nues, airs de jeux, airs pour l'amour des femmes, airs à boire le vin, airs réservés aux mâles, airs pour gonfler les appétits, airs pour inviter les génies à se remplir de débauches... Le dixième étage, pénétré de toutes les musiques, est le logis réservé. Que l'Empereur daigne habiter ici. Qu'Il se vête de cette tour de fêtes, impénétrable aux remords et à la vertu.

*

Ailleurs, regardez ce rectangle rouge-feu, coupé d'une barre luisante. C'est la Mare-aux-jugements, traversée du Pont-de-Bronze, —

cette unique poutre, graissée. Le coupable passe en dansant ; l'innocent se trouble, glisse, tombe dans le feu : on discerne l'innocent du coupable.

Cette femme a l'esprit de justice.

*

Et l'esprit de maternité. Bien que stérile, elle eut dessein de voir de ses yeux comment l'homme s'enfante et naît : elle a fait mourir sans souffrances des femmes grosses pour les éventrer à loisir. Quant aux guerriers qu'on aperçoit traversant de grand matin à gué l'eau glacée, — les voilà, les os des jambes fendus, afin qu'elle sache s'ils ont la moëlle plus rouge et chaude que les autres, ou non.

*

Et encore, elle a voulu révéler à l'Empereur ce qui se fait dans la liberté sauvage de la nuit. Elle a donc ordonné la grande Chasse impériale, figurée par cette longue frise sombre traversée de feux courants. Si nombreux qu'on dirait une cavalerie d'étoiles, les rabatteurs, torches aux poings, mènent le gibier blême. Ce n'est plus sangliers et laies, ni ourses et ours, ni quadrupèdes encornés, mais femelles humaines et hommes nus, cheveux au vent, les jambes longues cisaillant la nuit dans une course haletante. Tous et toutes ils s'en viennent passer ici devant cette hutte d'affût ; et tous et toutes, du jet d'un arc invisible, sont fixés au sol.

*

Cependant, ce couple bien avisé s'arrête de lui-même à toucher la flèche encochée, et s'étreint sous la mort tendue. C'est qu'ils savent qu'ils seront épargnés s'ils s'unissent librement là, sous l'affût, devant Lui. — Mais, mieux que d'une flèche, on les sent percés du trait des yeux impitoyables...

*

Çà et là, quelques vieillards pantelants : des Sages, ou qui se prétendent tels. Car ils ont osé censurer les plus belles des inventions peintes ici. La tour de jade leur a semblé coûteuse ; les musiques, sacrilèges ; les jugements brûlants, équivoques ; la chasse à l'affût, impudique ! Alors, suivant le dit populaire qu'un Sage « *possède toujours sept orifices à son cœur* », l'Ingénieuse censurée a résolu de connaître si ces vieillards étaient sages, ou non, et leurs remontrances justes, ou non. Elle a compté de ses doigts les trous naturels dans leurs cœurs.

Cette femme a l'esprit de logique.

*

Ce coin secret de la peinture, effacé par des regards trop nombreux sans doute, est obscur à divulguer, hormis dans son épigraphe qui veut dire : « l'Ingénieuse fait offrir à l'Empereur un lot de belles filles qu'elle enseigna de ses mains, et, invisible, surveille la première audience ».

Cette femme a l'esprit conjugal.

∴

Et pourtant, vous êtes déçus. De tous ces tableaux, l'Inspiratrice est absente... Je cherche comme vous la Princesse avisée, Médiatrice entre la chute dynastique et Lui, le condamné, qu'on ne voit plus ; Lui pour qui tous ces spectacles s'ordonnèrent. L'histoire dit seulement qu'Il était intelligent et se servait de son esprit pour confondre les réprobateurs, mais ne livre aucun trait de son visage.

Pour Elle, vaut-il mieux qu'elle n'ait jamais été peinte ; et même, renonçons pour nous à la dépeindre, — par trop grand désespoir de nous en éprendre aussitôt ; — ou, bien pis, par crainte que l'Incomparable, vue tout d'un coup dans son corps dépouillé, ne se montre semblable et pareille à toutes ses comparses.

HUMILIATION DE TCHEOU

Deux personnages seulement, mais de grandeur humaine. Celui qui se tient debout, vêtu de plaques, et casqué, — il a la trogne rouge et cet œil victorieux du soudard. Les marques d'armée sur sa poitrine le font reconnaître pour un maréchal du puissant feudataire Ts'in, qui, depuis trois cents ans, dévore un à un les royaumes « *comme les vers à soie mâchent les feuilles de mûrier* ».

Et ce nom de Ts'in ne trouve plus aucun lecteur sur aucun champ de bataille.

*

Mais on ne peut discerner les marques ni le grade ni la personne de l'autre, qui, nous tournant le dos, s'allonge, s'humilie jusque dessous l'orteil du guerrier gonflant. Ce prosterné ne nous fait voir que les parties basses de sa robe, et ses semelles courbées à la mode du Palais. Et l'on n'oserait dire qui est là, si l'image, et cette posture proprement historique, ne s'encastraient à leur rang parmi les déclins et les chutes. Qu'on le veuille ou non, il faut bien reconnaître ici le portrait ridicule d'un Empereur, dernier de TCHEOU. Il offre dans ce geste, en échange de sa vie honteuse, — « il offre, dit la chronique, les trente villes qui lui sont encore fidèles, les trois cent mille têtes, (différentes de la sienne), tenant sur des épaules vivantes encore. Qu'on accepte, et lui disparaîtra sans délai. Même il promet de mourir... l'année qui vient, si l'on veut ; plus tôt si l'on y prête avantage. Mais pas trop vite, surtout pas aujourd'hui, pas ce jour qu'il remplit de ses plaintes... »

*

Le bon militaire, heureux et satisfait, voit plaisant de regarder de haut, pour l'unique fois, un Empereur du haut de la taille d'un homme. — Vous êtes surpris qu'on ait osé peintre en telle ignominie l'accroupissement d'un Fils du Ciel. Geste sans nom ! et pourtant, si la digne ironie, plus que la raison des Lettrés, disposait des surnoms historiques, c'est à ce prosterné vraiment, pas à d'autres, que s'appliquerait, mieux qu'un masque, le titre posthume de « Croupion ».

*

Et voilà comme les maisons bien gouvernées finissent ! Voilà comment tombent les familles et périssent les clans ! Cette exemplaire lignée de TCHEOU ! Huit cents ans de

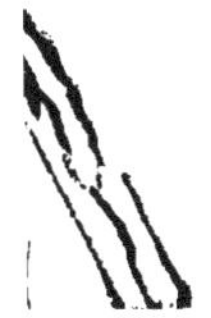

vertus héréditaires... Trente-quatre Souverains... des promesses, des présages, des prodiges ! Les résolutions les plus pures ; des mandements, des décrets on eût dit pleuvant du Ciel ! Les conseils payés du Sage et Saint du pays de Lou, Confucius, précisément témoin de cette grandeur inclinant vers la chute — et voilà ! tout s'en vient choir et crever aux pieds du soudard illettré, étonné de sa facile victoire.

Dans cette fin sans orgueil, dans cette ruine sans beauté, on chercherait en vain la comparse, la femme.

Tout au moins la décence est sauve ici : il n'y a point de femme ici.

TOMBEAU DE TS'IN

Trois collines superposées ; trois collines s'épaulant jusqu'au sommet unique, noblement convexe sous le Ciel creux ; et de droite, et de gauche, la descente longue du dévers fuyant à l'infini horizontal.

Malgré cette ampleur d'embase, malgré cet air de poser son volume et son front en défi aux pluies des nues et aux coups du sol, ceci n'est pas un jeu naturel de la terre, mais le monument de huit cent mille journées d'hommes, levées sur la gloire du Seul, Roi de TS'IN, Empereur UN.

∴

... Eh bien ! vous regarderiez dix mille ans de plus que rien ne changerait en cette peinture; à peine le ton roux-doré sous la cuisson du temps — et rien n'apparaîtrait de plus...

Mais l'inquiétude que vous montrez à observer quand même, — soupçonnant là vous ne savez quoi d'immense... Mais ce contraste du peuplement humain d'autrefois et l'absence de tout homme ici... Mais ce désaccord, ce défi à rebours entre l'objet attendu : « DÉCLIN DE TS'IN » et cette grandeur ordonnée et dressée...

Mais non ! Vous ne verrez rien si vous restez ainsi spectateurs ébahis de l'apparence. Laissez moi vous mener en profondeur. Il faut *pénétrer* ce tombeau. Pour cela, fermez vos yeux ronds, vos yeux visibles, et convenez de voir aveuglément chacun des mots que je dis.

∴

... La surface est franchie. Nous voici de *l'autre* côté de la terre, mais non pas dans le noir : nous suivons le Chemin de l'Ame vers le cœur du monument. C'est un couloir long, voûté, éclairé seulement à l'autre bout, à cinq cents pas, de feux jaunes dont on recueille les reflets obliques incrustés dans les murailles, accrochés aux innombrables scènes figurées sur les parois. — Tout est vêtu de briques historiées. Touchez-les. Sentez-vous combien la brique est parente de la terre, et, pour un tombeau, plus intime, n'est-ce pas, dans sa décoration ? Ils s'en vont, à perte de vue, ces milliers de petits personnages hauts comme la main, cernés d'un demi-relief dur. Les uns à côté des autres, sans empiéter ni se dérober, ils s'étagent sur trois registres.

Hauts comme la main ! Et pourtant, chacun de leurs gestes a secoué l'Empire et retenti jusqu'aux Marches barbares. C'est Lui seul qui est présent ici. Ses hauts faits bossellent l'espace : Voyez donc ! Des aveugles ou des vampires se réjouiraient à palper tout cela : C'est l'étonnante naissance, les conquêtes, le triomphe de TS'IN ; c'est par là qu'on fait de l'Empire une cuve sans division, et qu'on brasse et qu'on pétrit les royaumes en un seul pain. Chaque scène est simple et nette.

Ici, le jeune roi, à peine majeur, déclare que tout opposant à ses actes sera d'abord décapité et bouilli ; ensuite écouté... peut-être.

Ici, la chaudière chante, le billot est prêt sur lequel on pose la tête. Mais le jeune roi lui-même prend le censeur par la main, le relève, et le fait Grand Conseiller.

Ici, on le contemple, cravachant des pierres qui saignent, et faisant peindre rouge-sang une roche qui refuse de rougir.

Ici, par respect pour sa mère révérée, — quoiqu'indigne, — il massacre dans Han-tan les vieilles gens qui l'avaient vu naître et l'affirmaient bâtard.

Ici, il déjoue le poignard d'un sicaire. Çà et là, en passant, vous avez vu qu'il détruit les royaumes adverses. Il n'épargne que le sien.

Ici donc, il décide d'abolir le passé derrière lui. Il fait un seul bûcher de tous les livres ; il enterre vivants les Lecteurs des Livres. Il renie tout précurseur, les bons et les autres.

Et il se proclame Origine, Empereur UN.

•

Maître du sol connu sous le Ciel, maître furieux des vivants, il prétend domestiquer la mort même, et réclame de ses fourneaux la cuisson de la Drogue, l'Or potable, le Vin de Joie qui fait les Immortels. Pour en conquérir la recette, il lance une flotte, tout un peuple dans la mer. Voici l'envolée vers les Iles-en-la-mer des trois mille vierges mâles et des trois mille femelles aux ventres purs exigés par les divins alchimistes... (Vous n'en verrez pas le retour).

Ici, il s'impatiente, et comme la Drogue se fait attendre, on Lui compose la Panacée, plus efficace, faite de cinabre et de temps sublimé, — qui, tout vivant distille le corps, dispense l'ubiquité, la vie spirituelle, l'Etre enfin.

Il daigne accepter la tasse : voici qu'Il boit...

∴

... Et nous voici devant le sépulcre, ayant débouché dans le caveau luisant de lampes jaunes, ayant quitté le couloir obsédant trop plein d'images, pour ce parfait cube creux, solide sur son pavé de bronze coulé d'un bloc..

Par magie ! ce peuple de femmes est encore là ! ces deux cents concubines ensevelies vives avec Lui, et que la nuit jaune perpétue, sans réveil et sans agonie... Mais en haut, c'est plus étonnant : ce plafond, qui porte le poids des trois collines, semble tissé des légers dessins du Ciel. En bas, vous marchez sur les figurations de la terre, des fleuves et des mers. Tout autour sont les modèles des Palais des royaumes détruits, qu'il reportait autour des siens ; ce sont des joyaux, des objets rares, les mondes qu'il imagina ou que son désir suscita...

Mais vous n'écoutez déjà plus ; vous vous penchez sur le grand sarcophage ; vous cherchez à voir dedans, entre le couvercle disjoint et les bords... Oui, vous pouvez voir dedans : il est vide.

∴

Des gens réciteront que « *cinq années après la mort et la Cérémonie, le grand Tombeau fut fouillé par les hordes rebelles, le cadavre dépecé, les joyaux fondus* »... et que nous ne sommes pas les premiers à pénétrer jusqu'ici. Histoires d'historiens. La tombe est vide, c'est vrai, mais tout l'Empire est toujours empli de Lui, administré par Sa règle, uni d'un seul morceau par Sa force.

Et pour Lui, il n'est point ici ou là. Il n'a pas daigné habiter longtemps son sépulcre, voilà tout. Il a démenti le poète : il n'a point « *connu la tristesse des os blanchis* ». — Et peut-être que le Breuvage était bon, et qu'Il n'est pas mort. Telle est sa grandeur vivante que ce nom : Che-Houang-ti, soulève et fait crever la terre. Reculez-vous, sortons vite du tombeau.

Le voici, tel que Lui, qui vient vers nous : seul, sans décors ni attributs, débordant l'espace autour de Lui, l'homme gros et majestueux au nez proéminent, aux yeux larges, la poitrine bombant comme un bréchet d'oiseau de proie sous la cuirasse. Lui, et rien à l'entour. Les deux mains pressées sur son ventre, il maintient avec peine un orgueil plus ventru que celui de tout autre. Voilà l'homme qui dompte les hommes, ou, à son aise, les dévore.

Il se tient droit sur ses deux pieds écartés.

ABDICATION
DE HAN OCCIDENTAL

Que voyez-vous ici de plus que deux amis, deux frères unis ? Ils se joignent par les mains. Celui de gauche, — visage laid, mince et plein de flammes, — n'est vêtu que d'étoffes communes ; mais il veille de son regard ardent sur l'autre plus beau qu'une fille de délices, dont le cou est noble et gras, le front bombé comme celui de la cigale, le sourcil lunaire et l'œil long ; et qui porte dans sa parure les dessins de la plus insigne couleur : noire.

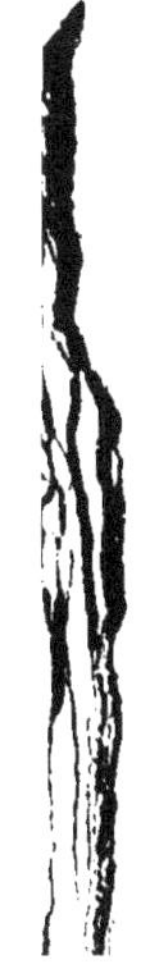

C'est T'ong-hsien, favori plein de promesses. Souriant à peine, il écoute l'ami penché sur lui et qui tendrement propose :

« Veux-tu, oh ! veux-tu que je fasse pour toi ce que Yao fit pour Chouen ! Accepterais-tu ?... Accepte... »

*

... Ce que Yao fit pour Chouen : il abdiqua. C'est bien le sens de cette peinture historique. Car celui qui parle et supplie n'offre rien moins que le trône. Il peut l'offrir : il le détient : il est l'Empereur. Quoi de plus beau d'un ami envers son ami : tout donner à celui que l'on préfère à tout !

*

Mais d'où vient que les censeurs récriminent ? Est-ce par profession seulement ? Par vertu ? par dépit ? Il est vrai que le beau favori délaisse les fonctions publiques de sa charge qu'il dévolue aux subalternes... C'est afin de mieux remplir des fonctions sans suppléances. Il est vrai qu'il a déjà son tombeau proche du tertre impérial... Il montre ainsi qu'il rejoindra dans la mort son amant impérial. Seul au Palais, il ne le quitte point la nuit : mieux qu'Impératrice frivole, il partage déjà tous les soucis des jours du Trône et les angoissants rêves dans la nuit de Celui que le Ciel menace.

*

Se peut-il que des censeurs aient dénoncé tant d'amitié ! Se peut-il que tant d'amitié perde bientôt la dynastie ! Car déjà, à mieux regarder, le quadruple regard se trouble : visible et grandissant, l'usurpateur Wang-Mang, voleur du sceau, sabre inique coupant en deux la dynastie comme un homme au milieu du tronc, jette un effroi dans les quatre prunelles.

∴

Et si parmi vous quelqu'un se montre curieux du moment des chroniques barbares auquel ce moment de l'Empire répond, qu'il sache que sous le règne infâme de Wang-Mang naît en Occident ce Sage dont les Romains ont fait depuis leur génie et protecteur unique, Jésus. Et c'est en son nom, désormais, que ces peuples non-tributaires supputent l'âge universel. (Ce qui les oblige parfois à compter à rebours ; à prétendre que la première dynastie, l'ancestrale maison de HSIA, remonte à « deux mille deux cent et cinq années avant l'ère ! »)

Ils posent ainsi un instant neutre au milieu du temps continu.

CHEVAUCHÉE FUNÈBRE DE HAN ORIENTAL

On n'a point sauvé de sa bassesse l'image de Hsien-ti, dernier des seconds Han, sans doute par refus du peintre à fixer tant de veule bonté quotidienne, et une fin sans geste ni éclat.

Cette étape dans la procession dynastique serait vide si les ouvriers funéraires n'avaient montré plus de richesse et de générosité. A défaut d'un palais évanoui sans fracas, nous tenons là des bas-reliefs, — ou plutôt leurs empreintes, — ces minces papiers de riz estampés, ces ombres vives, nettes, noir-brillant sur le champ tout blanc.

Aucune épaisseur, aucun reflet, nulle souplesse, mais un entrain, — dans cette apparente dispersion, — unique à se mouvoir, à s'agiter, à s'en aller dans tous les sens : aucun de ces êtres que l'on pourrait croire depuis dix-huit cents ans pétrifiés, ne tient en place ni ne donne image de sa mort... Ces fantassins, voyez-les, de gauche à droite, partant à grands pas diagonaux. Ils escortent, et même on dirait à leur élan qu'ils poussent les chars à deux roues et parasol que tirent en piaffant et cabrant les gros chevaux ronds crevant de muscles ! Auprès d'eux, des cavaliers imbriqués pétaradent de leurs soixante-quatre sabots. Une chasse est lancée à plein équipage, de gauche à droite, avec ses courants, ses faucons, ses veneurs et ses palombiers, et poil et plume qu'on va saisir au filet, au bec et aux mâchoires... On part en guerre : des archers, à pied ou montés, décochent face arrière et face avant. Les animaux eux-mêmes se poursuivent : ceux que l'on peut prendre, dresser ou tuer : le chameau sur ses doigts mous, avec son col de dragon, l'éléphant à trompe, et la vache occidentale cuirassée au nez cornu ! D'autres plus rares : l'Unicorne menée en laisse par ce mince personnage cambré qui va se dandinant, pointant des manches et des coudes ; et le cerf jumenté de cheval ailé que monte la femme insolite au visage plein, au corps souple, aux seins nus. Sans arrêter l'en-allée, voici l'oiseau solaire à trois pattes et le lièvre lunaire très affairé sous ses oreilles, avec son mortier dans les bras où il pile et pilonne la drogue de longue vie, — décidément tardive à tous les défunts. Des jongleurs et des acrobates viennent tomber des nues au milieu des marcheurs. La tête en bas, ils font un arc et rebondissent. Des singes, avec ou sans queue, se poursuivent. Plus vites que tous, les grands chars à roues rayonnantes, emmenés par ces fameux trotteurs, — encolure longue et chanfrein plat, — le tribut de Sogdiane...

Ainsi, aux creux des chambrettes, aux frontons des caves, aux chefs des piliers funéraires, autour du cercueil de terre cuite sonore, c'est la ruée de fantômes fantasques fuyant on ne sait quoi, en route on ne sait pour quoi. Si l'usure des pluies extérieures ou la fonte intime et les exhalaisons des chairs ont mangé parfois les contours originels, il reste du moins ces traits durs, mi-squelettiques et mi-humains, ces arêtes que l'implacable estampage saisit. Et les oiseaux volent, les quadrupèdes marchent, les hommes courent ; des chars tombent à l'eau où des poissons nagent ; des bateaux descendent les fleuves. Quelques chevaux fous, démontés, rebroussent le chemin des autres... — si nombreux, dites-vous, qu'on ne sait auquel d'entre eux accrocher son regard ? Alors, suivez seulement ce cavalier :

Ce Maigre, sur le dos d'une licorne dont trois pattes ont disparu, — la dernière, crispée sur l'espace en avant. Le coup de reins

est plus dur qu'un saut de poulain nomade, mais l'Emporté soulève sa monture du battement de ses ailes membraneuses. Les cuisses sèches et les tibias font pince plus fort que des mollets musclés ; le pied large talonne le flanc en arrière ; les orteils écarquillés et libres méprisent encore l'étrier. C'est lui qui lâche et qui lance sa bête, et il va dans un souffle aspirant tel que de grandes fleurs indécises, — pavots verts ? — ployées au passage, jettent leurs tiges en volutes à ses trousses.

*

Fut-ce un vivant, un vampire ou une allusion en mouvement ? Il n'y a pas de nom sur lui, pas plus que sur ses milliers de frères accrochés aux blocs qu'ils tirent, aux granits et aux grès qu'ils emmènent.

A défaut donc d'un Empereur éteint, voici le peuple et l'armée d'un temps précipité d'un seul bond vers sa chute : toute la dynastie cavalière charge, — au pas, à l'amble ou au galop — vers son abîme.

Sinon, quelle autre exégèse expliquerait l'ardente chevauchée du Maigre, et ces fleurs recourbées en croupe sur lui ?

FESTIN RIDICULE DE CHOU-HAN

Cette peinture est faite pour le rire, — au plus fort d'un banquet d'amis, quand les ceintures, vers le dixième service, se relâchent ; quand les bouches poliment éructent pour témoigner de la valeur des plats. C'est alors qu'il fait bon regarder ceci, précisément : un banquet d'amis ; l'invitation réciproque de trois princes ; des tables, des tasses, des bols, des soupières pleines de jus ; des fumets, des sauces où les doigts plongent et dégustent ; où marinent les appétits et naviguent les yeux avant que s'emplissent les ventres plus délicats. C'est un beau festin bien servi.

Chacun à sa place, les trois rois, égaux par le titre, tous Empereurs de leur propre gré, — et si proches de la triple chute, — se regardent non sans rire. Leurs vêtements et leurs chapeaux s'exclaffent comme eux. Les invités, les Ministres et les servants et le portier, et ces petits garçons sous les tables ; — les tables aussi, les colonnes et le plafond participent à ce rire dont l'objet est l'un des trois, — qui rit plus fort que les autres.

*

On l'interpelle : Eh ! là ! seigneur du pays de Chou, montrez-nous vos belles manières ? »

L'autre salue, marche et se dandine comme un canard bien appris. Tout le monde rit, et lui-même. On ajoute :

« Ne sait-on point danser chez vous ? »

Pour réponse, voici qu'il danse. Et l'on s'amuse de plus belle. Et pour achever de rire, à s'en crever là, sous la table, on le presse encore :

« Vous ne regrettez rien de ce sacré sauvage Pays de Chou ? »

Il va s'excuser, remercier qu'on s'inquiète ainsi de ses goûts, — ce qui portera le comique à l'extrême, – quand le fidèle Kiao-Tch'eng, le seul qui n'ait point ri mais mâché sa langue sous l'outrage, saute et bondit devant le Maître ridicule, et répondant pour lui :

« *Les tombes de Nos Ancêtres sont là-bas, au saint pays de Chou. Comment oublier leurs manières ?* »

Son air est si terrible que les éclats préparés se ravalent. Les mots nobles, mieux qu'une épée, renfoncent les rires dans les gorges.

EXTASE FUNESTE DE TSIN

Aucun jeu, aucun mouvement ici. Pas de meurtres, ni sang ni blessures ni souillures (du moins apparentes). Aucune débauche même vertueuse par l'excès dans son abomination ; — et pourtant, ce que voici fut pour Tsin désastreux autant que pour les autres les spectacles qui précèdent.

Cet Empereur, à peine connaissable sous la bure monacale du Bouddha, est assis simplement devant une écritoire. Les yeux lents fixés sur nous ne s'arrêtent point à nos yeux, mais prolongent vers l'arrière-espace leur inquiétante sérénité. Un seul geste, et immobilé : celui de la main droite levée tenant le pinceau pointe en bas.

Tout est suspendu à cette pointe. Car d'un coup, le pinceau et les doigts, promulguant la Décision, peuvent jeter au combat les cent mille soldats bien armés dont l'élan et le choc gagneront l'imminente bataille. Mais ni les doigts ni le pinceau ne s'abaissent : — comment ignorez-vous que le cri des armées, le bruit des victoires ; tout le cliquetis du monde, enfin, se dissout dans une vibration qui s'éteint...

*

Du moins pourrait-il épargner ou venger les fils qu'on lui tue ? Car Il entend comme nous, non loin d'ici, les égorgements et les râles.

Le pinceau ne s'abaisse pas, ne tremble pas : — vous savez bien que l'amour, même paternel, est une entrave, et qu'un descendant prolonge seulement l'ignorance et la douleur de vivre...

•

Il préfère donc, abandonnant armes et fils, racheter ses femmes qu'on force non loin d'ici ? — Non. La femme surtout est le fardeau, l'arrêt, l'obstacle à la Grande Délivrance.

•

Qu'il choisisse la mort décente par le poison... Mais il décline ce goût peu discret — puisque mort et vie sont les deux reflets d'une eule ombre...

Il demeure ainsi, main levée, et ce pinceau,

— dont le trait changerait le Dessous de tout le Ciel, — suspendu.

∴

Rien ne presse ; — excepté pour nous la troupe des rebelles au dehors. Rien n'existe ; — excepté pour lui la Connaissance que rien n'existe, qu'il détient. Rien, du fond de cette âme extatique n'oblige le geste à prononcer, ni les yeux à se refermer ou à cligner : au contraire, voici qu'ils grandissent et englobent l'espace...

(Venez. Ne nous attardons pas devant eux, ou bien vous verriez la Peinture disparaître comme une bulle éternuant ses couleurs, et vous sentiriez dans votre âme l'évanouissement dans votre âme des chaudes passions de toutes les couleurs qui font sa valeur humaine. Bien plus que débauche et folie, ceci est communicatif, absorbant, épuisant...)

Pour en finir, on l'étouffe sous des couvertures.

TITUBATION DE TSI

Ceci ne peut être vu que dans l'ivresse ; c'est tout plein de fumées dansantes à travers quoi titube un Ministre des Cérémonies ! Inutile, et même incongru, de garder ici un sang froid. Comme le Peintre, s'échauffant afin de projeter ceci d'une seule éclaboussure ; comme ce bon Roi Kao-Yang faisait nuit et jour avant de sécher la dernière de ses tasses, — il faut boire. Avalez donc à petits coups le vin qui fume par ici.

*

Oh !... pas de grande scène machinée ! Et d'abord, que tous ces gens-là soient faits en peinture ou en viande, qu'ils dansent à dix lieues de mon œil, ou dedans, — que vous importe ? Je les vois. Donc je leur confère provisuellement et consubtansciemment l'existence. Ils en abusent pour se trémousser sans pudeur. Ils n'ont pas notre dignité. Ils ne sont pas assez ivres. Mais nous, ne donnons point dans la Peinture Allégorique. Comprenez : ces gens ne sont pas des concepts ! Le peintre a tout simplement formalisé dans la couleur et la colle le tourbillon des reflets hypothétiques. Je m'entends. Je me surprends d'ailleurs. Comprenez ce que j'exprime avec trop de volubilité peut-être pour des esprits encore à jeun.

Et lui, que voilà, ce bon buveur Kao-Yang, comme il doit m'aimer ! s'il n'est pas trop... Très intelligent ! Des trouvailles, des inventions lapidaires : les stèles sont là pour témoigner. C'est lui, c'est bien lui, à quatre pattes. (Mais on y est plus solide que sur deux). Il tient toujours à marier sa mère à un Turc, — jusqu'au lit inclus. C'est une idée [illegible]re. Il s'aperçoit, après coup, que le rite n'est pas prévu dans les Cérémonies. Et il pleure à plat aux pieds de la Douairière intimidée dont il réclame pour expiation quatre-vingt et un coups de bâton sur les fesses. (Les siennes.)

La Morale est sauve puisque le Ciel a neuf étages, et neuf fois neuf... Vous avez compris enfin ! L'Histoire raconte cet épisode exactement à l'envers.

C'était un homme si bon ! Regardez-moi cette preuve de bonté, dont vous seriez incapables : une bonté à faire pleurer toute la mer sur tout le Ciel. Voilà : Il traite bien ses généraux : Il les asseoit sur son trône, les uns par-dessus les autres, et les abreuve à sa tasse magique, toujours pleine. Et il prie la jolie Dame Joie-de-l'Aurore d'abreuver leurs autres désirs aussi en se donnant là, tout de suite, de sa part à Lui. Et comme la Dame hésite, il la dévêt et l'offre de ses mains. Cette scène dégage une vapeur de bonté.

Et cette autre, une certaine impression de Vérité. Les moines et philosophes se la disputent. Ils sont là, disciples de Boudha ou du Tao, qui prétendent tous à l'Unique. Mais le Prince est un juge incomparable. Il ordonne qu'on étale une bonne fois toutes les Raisons par devant Lui. Non pas en ordre et à la suite, ce qui les affaiblit et peut se dire « incompréhensif » ; mais d'un seul faisceau, d'un seul jet, — il dit même : « En un seul tas ! » et se charge de discerner le Vrai véritable, et d'entendre au fond du tumulte.

*

Alors, tous ensemble, Tao-che nommant l'Innommable, et Têtes-rases faisant cascader les Causes et rouler la Roue de la Loi, tous les Docteurs de la paix s'entrebattent, tous les Immobiles se démènent devant le Juge ivre enfin d'idées un peu fortes, et judicieusement endormi.

DÉIFICATION DE PEI-TCHEOU

C'est plus — ou moins — qu'un homme que vous voyez, chevauchant sa bête favorite. Sous les espèces de ce Génie bienfaisant monté sur le Paon traditionnel, c'est un roi fou, divinisé par lui-même. La peinture est rouge-brun, rouge-ancien et noire, fumée par l'encens et la suie des lampes, beurrée de l'huile dévote des mains, telle que ces grandes fresques pieuses dont les temples sont habités, et qui pénètrent les murs de leurs attouchements gras.

*

Symétriquement à sa gloire, le Roi Yu de Tcheou se manifeste : levant la main droite, baissant l'autre, il lance le geste éternel de tous les Génies sauveurs de tous les mondes, et qui désignent ainsi les Cieux d'où ils viennent et la terre qu'ils arrosent de compassion.

Aucune autre image n'est admise. L'arrière-plan des deux côtés, serait peut-être accessible aux vivants... Mais on l'a embu, par respect, d'un vernis obscur. Lui seul, — dieu — veut être apparent ; — et de son menton au bas-ventre il déploie sur la robe constellée le nom des hypostases qu'Il s'attribue et des entités qu'Il englobe. Mais quiconque paraît en sa face et ose contempler le divin, doit se préparer par trois jours et trois nuits d'abstinence, suivis d'un jour entier d'ablutions. —

L'avez-vous fait ?

*

Alors, contentez-vous de lever respectueusement les yeux sur la monture. L'oiseau porte-dieu, ce paon mâle, est planté tout droit de face comme Lui. La queue fait une auréole. Les pieds sont deux dignes colonnes. La tête aux petits yeux gris Lui cache justement le nombril.

ÉTAPE A LA CHUTE DE SOUEI

C'est une ville dans le soir : une forte et puissante ville crénelée dont nous sommes à la fois les hôtes et les maîtres, — car maintenus par la géomancie à la croisée des deux voies cardinales, nous avons devant nous l'horizon Sud. Nous voilà plus hauts que tous les édifices, excepté celui qui nous élève, le Pavillon de la Tour porte-tambour. Moins que les visages renfoncés des façades, ce sont les ondulements des toits que nous dominons. Ils se poussent et se pressent, ailes déployées, ces grands oiseaux couveurs des familles humaines. On en voit toutes les crêtes, les cornes et les chevrons volants ; ils disputent entre eux le diagramme dentelé du Ciel ; ils appellent la pénétration du clair d'en haut dans les mordants obscurs : toute la Divination de la Ville. Et c'est le soir.

Plus loin que les toits, les créneaux. Et plus loin que les créneaux, le bourbillement de mouches des faubourgs marchands. Et par delà, la ligne des montagnes coupée d'une brèche : les deux promontoires s'affrontent sans jamais se saisir au museau, grâce au filet clair de la rivière entre eux deux.

Mais tournez à droite : voici l'Occident. Cette peinture n'est pas comme les autres disposée sur un plan seul. Voici bien l'horizon d'hier et le soleil couché et les derniers coups de feu qu'il lance encore sur les nues.

Et tournez vous aussi vers le Nord, face au pays du froid : ce sont des collines plissées se surmontant en pleine terre jaune, toutes habitées de sépultures. C'est un oreiller funèbre sous la tête de la ville pesant sa nuque et son sommeil sur les Ancêtres enterrés là. Car maintenant toute la nuit s'abat sur eux tous et leurs descendants. Le sombre se pose, exaltant le blanc, noyant le noir. Il fait décidément noir au Nord, et c'est en vain que vous tenteriez par là de prolonger un peu plus ce jour.

Tournez vous donc vers la porte qui sera demain, — vers l'Est où la lune lève dans un lac plus nacré que les jours. Les lointains sont proches tant que la lumière descend dans la rue, sur le parvis des Palais, des Ministères et des Prétoires, et plus bas, dans les impasses où l'on discute le cours non officieux des délices et de la joie temporelles. Vous assistez aux allées et venues, aux échanges, aux dons. Une vie affairée, un commerce nocturne s'établissent ici pendant que les autres cantons s'endorment.

Et tournez vous une dernière fois : nous voici de nouveau face au Midi, étonnés du geste entièrement révolu : cette peinture sous ses quatre angles est donc infinie et circulaire comme l'horizon même ? Oui. Et la ville que nous habitons ainsi n'est donc autre que Lo-Yang redevenue Capitale par la faveur du second et dernier de SOUEI, de Yang-Ti ?

C'est bien cela, dites-vous ? La brèche au Sud est la « *Porte-montagneuse du Dragon* », Long-men. La double colline mortuaire Nord est Mang-chan. Les feux rouges du ciel de l'Ouest, et l'incandescence terrestre orientale, — nous-mêmes, entre hier et demain, plantés au milieu sur la tour, — et voilà les cinq cardinaux répondant à la plus locale expertise : c'est une peinture géographique : c'est bien à Lo-Yang que nous sommes...

∴

Non. A mille lieues plus au Nord, au plein désert, environnés d'étendues planes comme les mers sans murs et non bâties, sur de hauts plateaux herbeux où jamais ville Capitale ni chinoise n'établit son carré logique. Cette peinture enveloppante et continue, c'est la tente de repos que Yang-Ti, dans son voyage aux confins, exige qu'on déploie autour de Lui, chaque soir, aux quatre pans de l'espace. Dès qu'on s'arrête, fut-ce au cœur du désert des sables, il exige que, d'un jet, peintres et soldats dressent à deux mille pas à la ronde cette soie longue de deux mille pas. Il Lui convient que l'Empereur n'émigre pas comme un nomade, et n'atteigne ou n'habite jamais un ciel cru ni une terre non cadastrée. Daignant se mouvoir dans l'inconnu, il ne permet pas au spectacle de changer. Que la ville entière, quotidienne, soit fidèle à l'audience du crépuscule, à la veillée de la nuit : ceci ressort du cérémonial.

Ceci ne fut pas compris de son temps. Yang-Ti laissa le renom d'un égoïste et d'un sédentaire, parce que, fidèle à Lui-même, il n'aimait contempler le monde qu'en se tenant au milieu.

PORTRAIT ANCESTRAL

Une ancienne et noble Dame, assise juste face à nous, les deux longs yeux égaux un peu renfoncés par les ans ; le front lisse, la bouche écrite d'un seul trait ; le menton petit et rond, les pommettes montueuses ; les cheveux noir-de-cheveux sous la coiffure festonnée.

Et face à nous, — comme le visage, la coulée de la robe, les larges manches retombantes — est le trône adossé d'un grand rond d'or qui fait une lune bien pleine.

C'est un portrait ancestral. Le peintre ici, par ordre souverain, a troué les deux yeux de ce puits sans fond des prunelles, — et vous pourriez, par ce puits, atteindre l'âme du portrait. Mais quel besoin ? — Cette symétrie, ces concordances : doigts entrelacés dans une sérénité longue ; genoux stables et surtout cette face vue d'en face, équilibrée comme un monument ; ces couleurs plates sur la paroi impassible, et le parfait cercle écrivant son contour éternel...

N'est-ce pas la présence même de la Déesse à la Compassion réfléchie ? Dans ce front rien d'autre n'habite ? Ces narines sont emplies de parfums. Cette bouche n'enfanta que de tendres paroles. Et ces pieds ont mené le chemin du milieu.

C'est, à son rang dynastique, l'image de la Douairière Impératrice Wou, de T'ANG. Et le Peintre a pris soin de formuler en lettres élégantes les devises, les attributs, les noms honorifiques et les titres que son mérite lui sollicita et qu'elle daigna recevoir : « *Haute Gardienne du Tchakra* » (ce disque d'or propagateur de la Loi.) « *Lumière éclairant le néant* », (symbole inédit comme le caractère « *Soleil et Lune assemblés sur du vide* » qui le représente ici.)

Enfin la prophétie à Maïtreya qu'elle incarnait dans son corps de femme par un prodige spécial : « *Avant de devenir Bouddha, tu renaîtras encore dans un corps de femme* »... Et ces trois mots doux : « *Sainte Mère surnaturelle...* »

*

Et vous vous étonnez de voir ici une telle image de majesté céleste... Un tel miroir de très pure bonté...

*

Mais le dénombrement de ses vertus ne s'arrête pas de sitôt. Ce n'est point là tout ce qu'on en peut dire : les Annales commentent ainsi :

« *Concubine du père, bonzesse défroquée, épouse Impératrice du fils successeur, meurtrière de sa fille au berceau pour en accuser sa rivale ; meurtrière de son fils trop intelligent ; meurtrière de l'autre Impératrice qu'elle fit écourter des pieds et des bras et confire dans une jarre pleine de vin ; amante impudique d'un moine chef de deux cents jeunes moines ; tueuse de son époux Empereur dont la tête gonfla par maléfice ; sacrilège en sacrifiant féminінement au Ciel par l'investiture de la montagne, — elle indigna la bonne terre de l'Empire qui se vomit en pustules de boue. Même elle eut les honneurs impossibles d'une éclipse de Soleil mâle ! Elle avait perverti jusqu'aux principes Yin et Yang, tréfonds de l'Univers...* »

Nous nous inclinons devant vous « *Sainte Mère surnaturelle* ».

IMPUISSANCE DE TANG

Ces couleurs fades et ces lignes tremblées... Les gestes authentiques du Souverain n'ont pas permis de les donner plus vives et précises, — ni ses yeux, un peu fatigués. Le Peintre s'était posé d'abord d'illustrer les « *Nobles supplices impériaux* ». Mais Wen-tsong aussitôt y apporta des accommodements. Et tout ainsi ! Voilà donc des personnages bien hésitants sur ce qu'ils auraient dû faire dans l'histoire.

Elle est cependant méritée la mort de ce Ministre Wang-Ya, persécuteur des eunuques :

on le scie par le milieu du corps, en plein marché, au pied d'un mât, — rapidement, et sans souffrances inutiles, car l'Empereur n'a pas ordonné qu'il souffrit longtemps. Plus bas, la famille rassemble les tronçons et les ensevelit : car l'Empereur n'a pas dit qu'ils fussent privés de sépulture. Plus loin : les eunuques ouvrent le tombeau et jettent les os à la rivière : car l'Empereur n'a point édicté des funérailles.

Suivez maintenant ces émissaires : ils pourchassent de très jeunes enfants, les prenant ou les achetant, et les emmènent. On les nourrira de beaucoup de viandes et de graisses, afin d'en extraire pour l'Empereur de beaux foies pleins de sang et des cœurs vifs pleins d'air fort dont on fera son remède. — Mais, tout auprès, voilà les émissaires désapprouvés : L'Empereur a-t-il jamais voulu telle médecine ? Il renie et condamne ses mandataires. C'est d'eux-mêmes dont les rates et les fiels deviennent indispensables pour embaumer ses remords.

Voilà maintenant qu'il joue au Conquérant violeur de villes ! Il fait donc dépouiller et lier, comme offertes à lui, dix jeunes filles qu'on lui affirme vierges. Elles se couchent, écartant de force leurs bras minces et leurs jambes rondes. Le puissant vainqueur les reçoit et sans trop regarder se détourne : Il n'avait jamais vu de filles ainsi nues. Comme elles pleurent et se plaignent, il les fait délier bien vite et vêtir : les caresse un peu et les renvoie comblées de gâteaux et de perles.

Alors, le Peintre officiel lui propose de figurer tout vivant dans la Grande Succession des Bons et des Sages. Et l'Empereur se redresse, roulant ses prunelles, crissant des dents :

« A qui supposes-tu donc que ressemble Notre face ?

— Aux saintes faces de Yao et de Chouen... » répond l'autre bien éduqué.

L'Empereur dit :

« Sacrilège ! »

Il commande qu'on chauffe la chaudière des flatteurs... puis se ravise et ordonne qu'il soit peint aussitôt sous les traits d'un beau tyran. Il feuillette les annales, s'efforce d'imiter les plus célèbres postures infâmes... Mais, crevant tout d'un coup en pleurs de rage, il sait bien que jamais il ne les obtiendra.

*

(Tout ceci fait de ratures, d'hésitations du pinceau.)

MAÎTRISE LOGIQUE DE SONG

La scène est pleine d'expression et déborde d'enseignement : L'Empereur, à demi étendu sur ce lit de repos, montre une bouche grave, un sourcil lourd de pensers philosophiques. Il admoneste le Prince Héritier debout, par déférence, à quelques pas de Lui.

Mais la leçon de chaque jour dépasse l'enseignement d'un Père à son fils. Des deux côtés, recueillant les deux flots du manteau de paroles, voyez le Grand Protecteur civil et le Général d'Armée. Comme s'éduque l'enfant, s'instruisent les Ministres et, par eux, le peuple entier.

*

L'Empereur explique :

« Que l'Univers, et tous les êtres qu'il contient, sont issus de deux Principes, coéternels, infinis, distingués, mais inséparables, NORME et MATIÈRE.

« Qu'il n'y a pas, entre ces deux Principes, antécédence ou postériorité d'origine, mais de Raison, — et une dignité. (La Norme ne tombant point sous les sens, la Matière les supportant.)

« Que l'une et l'autre, sans âme ni contour, s'individualisent dans la chair dont chacun de nous est fait, et qui, pour un temps, limite une portion de Norme, laquelle, à son heure, s'en retourne à l'infini quand le fini dans la chair se dissout, se décompose. »

L'Empereur examine :

« S'il faut nier le Néant primordial, — et, certain de l'Eternité de Norme et Matière, décerner à celle-ci un titre tel : « *Grande Raréfaction* », ou bien « *Grande Harmonie* », afin de conférer à l'union de l'une et l'autre ce rang suprême : « *Grande Unité* », « *Grand Commencement* », « *Grande Mutation* », « *Grand Être Réalisé* ».

L'Empereur daigne commenter :

« Norme et Matière ont existé de tous les temps. Tout être est donc fait de Norme et Matière. Norme ne fut pas avant Matière. Norme, plus noble que Matière, ne peut exister sans elle ; et pourtant unique, se dénombre en la diversité. Norme éternelle s'incarne dans l'éphémère. Norme et Matière étaient avant que Ciel et Sol ne fussent. Ciel et Sol *sont* Norme et Matière. Norme et Matière sont *autres* que Ciel et Sol. »

Et l'Empereur décide enfin :

« Que le Monde est vraiment un tourbillon, rare dans son noyau central, — de plus en plus dense, compact et formel à sa périphérie ; concrété comme la coquille autour de l'œuf mou. »

Dès lors,

« Que l'on n'enseigne point, par une méprise absurde, que les neuf sphères dans les cieux s'enveloppent comme les écailles concentriques de l'oignon, — mais bien qu'elles forment, en se déroulant du centre à l'étendue et *dans tous les plans à la fois*, les Neuf Volutes enspiralées du tourbillon de l'Univers, — et il n'y a pas de rayon. »

Et c'est ainsi que, négligeant l'odeur des festins, souriant de loin aux concours d'hommes et de femmes, l'Empereur s'enivre de sa seule pensée, et jouit du pur embrassement de ses concepts : pénétré, mieux qu'un Général d'Armée, des trente-deux principes de Bataille, il les emploie à la défense ou à l'assaut de ses seuls Palais de Logique.

Il gagnera la question de savoir si la Raison est antérieure aux sentiments, ou ceux-ci à la Raison. Il résoudra si le Grand Vide au bout du monde est dur en fonction de sa vitesse ou de sa définition.

∴

Le Ministre civil, bien éduqué, s'incline, vaincu par la logomachie du Maître qui vient précisément de le complimenter sur son zèle intelligent. Le Guerrier, un peu à l'écart, tremble de tous ses gros membres. Plus forts que les béliers de sièges, les Mots frappent à lui crever le front.

Il n'ose point approuver trop haut. Il n'oserait surtout contredire. Mais, tandis que le Philosophe mène au combat ses idées bien rangées, le Militaire, inquiet malgré lui, se souvient que les Hordes Nord tiennent déjà les provinces du froid; qu'ils sont là-bas plus d'un million, menaçants et mobiles. Il sait que depuis deux cents ans la Dynastie recule et se dérobe vers le Sud, abandonnant les villes, les canaux, les rivières et les champs dont les sillons transverses, disposés contre les chars antiques, n'ont pas pu retarder les foulées du galop Mongol...

Et que l'on s'en ira bientôt finir parmi les sauvages tout crus !

*

Mais telle est la vertu logique et l'imposante majesté des Mots, que le soudard renfrogne son inquiétude, écoute plus fort, feint de comprendre et se tient toujours coi.

DERNIERS JEUX DE YUAN

Non. Cette peinture n'est point dans la sombre et féroce couleur des bannières Mongoles — que vous connaissez déjà. Rien ne rappelle ici leur sujet favori — que vous attendiez déjà : le courtaud cavalier barbu, aux yeux vifs sous son bonnet fourré, trottant vite et revenant allègre de la chasse... C'est ainsi que les hordes caracolaient des Monts-du-Ciel à la Terre-des-Herbes...

Ce n'est pas d'elles qu'il s'agit. Mais voici l'image exacte, scrupuleuse, des derniers jours du descendant du Khan des Forts ! Voici l'apothéose machinée par le rejeton du Grand Ancêtre nomade : ce petit-fils est éminemment musicien et mécanicien.

Admirez sa plus fière invention : la Clepsydre magique ; — hantée dès l'aurore de génies poupées qui s'en viennent marquer le temps en frappant cloches et tambours. Durant le noir, ce sont des fantômes de plâtre qui mènent toute la sonnaille. Quand se vide l'une des douze heures, des lions apparaissent, qu'il a modelés de ses mains d'après les plus féroces figures imprimées sur le papier des livres. — Au mi-jour, des Immortels en carton peint s'élancent et volent vers des grottes postiches. Ils redescendent à la mi-nuit.

Croyez bien que disposer ces menus mouvements d'horloge est délicat plus que le règne d'un Empire qui se nourrit et peuple de lui-même ; — en dépit des impôts et des guerres.

Mais, apprenez aussi que l'animation de ces poupées n'est rien à côté du jeu compliqué des Danseuses vivantes : Le pouvoir d'un homme est étonnant qui règle pas par pas et geste après geste, l'harmonie de cent vingt corps de femmes simultanés !

*

Parmi les spectacles de l'Histoire, celui-ci s'impose comme le plus instructif... C'était du moins l'orgueil de son metteur en scène, Fils du Ciel et Grand Maître de ballets. — Il eût été surpris qu'on lui fit remarquer combien les beaux déclins dynastiques ont eux-mêmes leur décadence dans la chute ; — et qu'avec lui nous tombons vraiment de bien bas.

LIBÉRATION DE MING

Pas un homme, pas un vivant ici hormis cet arbre, énorne, qui remplit toute la surface peinte.

Solitaire dont la chevelure et les cent bras font une forêt concave sous le ciel enveloppant, il absorbe la lumière et l'on ne voit dans l'enceinte qu'il couvre que le brun-de-sang vieilli de son tronc : vert sombre et brun-de-sang, pas d'autre ton. L'écorce est toute spiralée comme si d'années en années il se tordait pour échapper à quelque emprise ou pour obéir au soleil. Ses racines déchaussées étreignent le sol qu'elles soulèvent. Les feuilles sont peintes innombrablement une à une. Connaissiez-vous déjà quelque exemple d'un paysage dédié à un seul arbre, sans montagnes au-dessus, sans eaux courantes dessous lui, ni ce voyageur minime, tout en bas, qui jette sa face en arrière et prend possession humaine de l'étendue?

Ici, l'arbre est seul. Aviez-vous jamais contemplé quelque arbre pour lui-même, pour son incrustation dans le ciel, pour son âge, pour la qualité de son bois? Aviez-vous jamais imaginé la lenteur démesurée de sa vie? ou éprouvé tout ce qu'il faut de volonté sourde, réfléchie, obstinée, pour se cercler d'écorce, et, sans nerfs et sans cerveau, diriger pendant trois cents ans le jaillissement de sa sève?

Un grand arbre, tout seul peint ici, qui enveloppe et dédaigne tout dans sa splendeur végétale. Mais l'homme absent a laissé la marque son règne, et le poids de son pouvoir et de son corps et de sa mort. — Regardez mieux : c'est un arbre chargé de chaînes.

C'est pourquoi la forte ramure se rabat et enserre le tronc : le tronc est percé et ferré d'un gros anneau, — source des liens — qui de là divergent et vont plonger sous la terre. Ah ! vous n'aviez pas senti cette honte et l'attache, et comment, malgré la vigueur des membres, toute la frondaison ploie et pleure : cet arbre fut héroïque et coupable : il a supporté qu'un Empereur — cerné dans son palais dont les eunuques livraient les portes, entouré de ses femmes curieuses du vainqueur — cet arbre a supporté qu'Il se pendit aux hautes branches et mourut !

C'est tout. N'attendez pas une peinture dynastique de plus. Le souhait serait sacrilège envers la famille Impériale, la « Horde d'Or » qui détient depuis deux cent soixante-six années le présent mandat du Ciel, sous le Sceau de TS'ING.

Nul n'oserait à ce propos parler de déclin ni de chute, même à venir après dix mille années. Les signes rassurants abondent tous les jours : le soleil observe tous les jours son usage de se coucher à l'Ouest. Les saisons suivent leur ordre respectueux du calendrier. Il n'y a pas de chaleurs déplacées en hiver, ni de gelées au milieu du chaud. Les météores font leurs occultations à l'heure dite, même avec plus d'exactitude que jamais. Les fleuves coulent logiquement à la mer. Seule, la Licorne, — faut-il l'avouer ? — ne daigne plus se laisser prendre. Etait-elle vraiment indispensable au bonheur des villageois, des marchands, des officiers civils et militaires ?

En revanche, les présages néfastes n'apparaissent point davantage : il n'y a pas de monstruosités évidentes ; pas de mûrier changé en saule ; aucun homme ne devient femme. On n'entend plus de bruits inexplicables sous la terre. On n'a pas vu d'objets insolites apparaître au dedans du Palais... ni le Renard invisible s'asseoir à la place de l'Empereur.

Sans doute, le Dessous-du-Ciel est en deuil pour de longs mois encore : Celui de Ts'ing qui régna durant la période Kouang-Siu, s'en est allé, sur le char du Dragon, boire à la source aux neuf fontaines... Mais le Prince Tch'ouen, son frère, acceptant la Régence, a manifesté tout aussitôt les meilleures intentions et les plus ordinaires qualités. Nul au

Palais ne peut prétendre, sous notre ère Siuan-T'ong, imiter aucun des traits équivoques ou hardis qui successivement perdirent Hsia, Chang, Tcheou, — Han, Souei, T'ang, — Song, Yuan et Ming... Encore moins oserait-on assumer un seul des gestes géants de Che-Houang-Ti, Empereur UN.

Et ce serait un nouveau sacrilège historique et moral que d'évoquer ici-même la peinture de Long-Yu, Impératrice vivante, veuve exemplaire. Comment l'imaginer sous la posture de Mei-hsi, accordant ses faveurs antiques à de jeunes comédiens! Il est justement impossible de discerner, parmi les princes du sang quel serait le Grand Usurpateur. C'est pourquoi le Prince Ts'ing, Grand Aïeul du sang, consacre son expérience et son prestige de soixante-dix-huit années à gérer seulement son bien et sa propriété. Le Grand Conseiller Na-t'ong est craintif de faire le mal autant qu'il se défend qu'on lui en fasse, et par là montre une vertu bien balancée. On ne saurait plus incriminer, — comme si souvent au cours des règnes, — les intrigues des faux-eunuques : tous désormais ont leur diplôme.

Pour en finir avec des allusions historiques, si louables en littérature, sacrilèges et déplacées sur le propos de la Maison Régnante, on conviendra que nul philosophe de renom, — nul philosophe — ne se lève à la suite de ces grands logiciens ergoteurs, dont le talent ruina le temps de Song. Aucun voyageur illustre, — aucun voyageur — ne prétend plus, comme Yang-ti de Souei, transporter avec lui le décor et la quadrature de sa ville ; — mais, poliment, ceux qui émigrent, acceptent aussitôt les habits et les mœurs de l'étranger. Personne enfin n'aurait ce mauvais goût audacieux de Pei-Tcheou : se diviniser soi-même. Il est inacceptable de vouloir passer pour un dieu. On boit encore, mais le vin d'aujourd'hui ne porte plus aux grands débats cosmologiques : plus léger, il se vomit aisément. D'autre part, est-il jamais question de sainteté, ni d'extase ? On préfère la pure raison ; renonçant de même depuis longtemps, aux folles ruées cavalières que menèrent si loin dans l'inconnu ces grands Han Occidentaux, — et qui, dans l'envol de la course, ne conduisaient après tout qu'au désert... Et l'on se promène maintenant en chars à mules, en chaises, ou en voiturettes à « pneus ».

Ainsi, nul Lettré, nul Politique, aucun Poète, aucun homme d'État, — aucun Homme enfin, — ne saurait plus se dresser ni à l'aide ni à l'encontre d'un gouvernement et d'une époque aussi calmes et plats que le visage de la mer quand la délaisse le vent. L'Empire siège sur sa sécurité. Quelques mauvais esprits, quelques écoliers des doctrines Européennes préparent, disent-ils, une « révolution ». Ils troublent seulement le commerce et les humeurs des marchands de la côte...

∴

La succession des chutes dynastiques s'arrête donc et se doit clore sur la Libération de Ming. Le Peintre, qui tenta d'illustrer ainsi les déclins et les catastrophes, s'affirme impuissant à livrer à leur suite l'image, surtout fidèle, de la Chose présente.

A, défauts de hautes couleurs et de beaux traits, seuls, ces mots poétiquement choisis et gravés dans le sceau final, peuvent la peindre :

GRANDEUR OFFICIELLE

DE TS'ING.

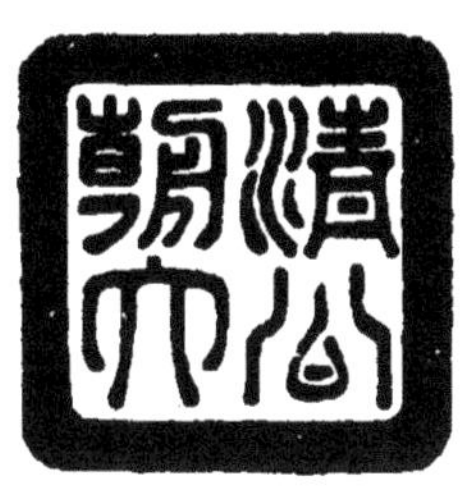

A PEIKING,
DURANT LA...

3e ANNÉE DE LA
PÉRIODE SIUAN-T'ONG

C'est tout. C'est fini... Qu'attendez-vous ? Vous êtes là : vous m'avez bien écouté jusqu'au bout. Merci. Je vous sais gré, mes compagnons, mes complices : vous m'avez permis de baigner d'air étendu ces Peintures trop longtemps pliées au fond de moi. Elles m'obsédaient de leur vouloir être vues. Maintenant je puis regarder ailleurs.

Mais vous, emportez-les au fond de vos yeux. Et ne croyez pas que les mots que j'ai dits contiennent tout ce que Lumière et Joie dessinent dans le lieu du monde, — qu'il soit de Chine, ou d'ailleurs, ou d'ici autour de vous...

Tant de choses, entr'aperçues, ne pourront jamais être *vues*.

PEINTURES MAGIQUES

∴

CORTÈGES ET TROPHÉE

PEINTURES DYNASTIQUES

LES ÉDITIONS G. CRÈS & CIE

21, rue Hautefeuille — PARIS, VIe

EXTRAIT DU CATALOGUE GÉNÉRAL

Charles Baudelaire. — **Les Fleurs du Mal**. Edition critique, revue sur les textes originaux et manuscrits, accompagnés de notes et variantes et publiés par Ad. van Bever. 4 portraits en phototypie . . . . . 6 »

— **Le Spleen de Paris** (Petits poèmes en prose) . . . 6 »

— **Journaux intimes** . . . 6 »

Henry Bataille. — **Écrits sur le théâtre** . . . . »

— **Le Phalène** . . . . 7 »

— **Les Sœurs d'Amour** . . . . 7 »

Léon Bloy. — **Jeanne d'Arc et l'Allemagne**. . . »

— **Le Salut par les Juifs** . . . . . 6 »

— **Constantinople et Byzance**. . . . 6 »

Carton de Wiart. — **La cité ardente**. 2 50

G. K. Chesterton. — **Les Crimes de l'Angleterre**, traduit par Charles Grolleau . 3 »

Georges Clemenceau. — **Au pied du Sinaï** . . . . 6 »

E. de Clermont-Tonnerre. — **Almanach des bonnes choses de France** . 7 »

Colette (Colette Willy). — **Dans la Foule** . . . 3 »

Auguste Comte. — **Pages choisies** . . . . 6 »

Henry Cormeau. — **Folklore angevin. Terroirs mauges.** — I. *Glossaire.* — II. *Contes, devinailles, chansons, coutumes*, etc., etc., 2 vol. 13 20

François de Curel, de l'Académie française : **Discours de réception à l'Académie Française** 2 20

VILLIERS DE L'ISLE-ADAM. — **Nouveaux contes cruels.** 6 »
— **Chez les Passants** . . . 6 »
GILBERT DE VOISINS. — **L'Esprit impur** . . . . . 6 »
AMBROISE VOLLARD. — **Paul Cézanne.** Avec 8 phototypies 7 50
LÉON WERTH. — **Voyages avec ma pipe.** . . . . 7 »
ISRAEL ZANGWILL. — **Les Enfants du Ghetto** . . . 6 »
— **Ce n'est que Mary-Ann.** . . 6 »
— **Les Rêveurs du Ghetto.** T. I. 6 »
— **Les Rêveurs du Ghetto.** T. II. 7 »
— **'Had Gadya** . . . . 2 »

ANTHOLOGIES

Anthologie des Ecrivains belges, par L. DUMONT-WILDEN. 2 vol. . . . . 12 »

Anthologie des écrivains catholiques. Prosateurs français du XVIIe siècle par HENRI BREMOND et CHARLES GROLLEAU . . . . 6 »

Anthologie Franciscaine du Moyen-Age, translatée et annotée par MAURICE BEAUFRETON 8 50

Anthologie de la Poésie catholique, de Villon jusqu'à nos jours, par ROBERT VALLERY-RADOT . . 6 »

Anthologie des Poètes russes contemporains, par Jean CHUZEVILLE. . . . . 6 »

Anthologie protestante française (XVIe et XVIIe s.) recueillie et publiée sous la direction de RAOUL ALLIER . . . . 6 »

— Id. — (XVIIIe et XIXe s.) . . . . 7 »

De qui est-ce ? *Recueil de morceaux choisis d'écrivains célèbres* à lire tout haut pour en faire deviner les auteurs. Préface de PAUL REBOUX. **Véritable jeu de société.** 1 vol. avec la clef . . . . . . 6 »

LE PRÉSENT OUVRAGE A ÉTÉ ACHEVÉ D'IMPRIMER PAR FRÉDÉRIC PAILLART A ABBEVILLE, LE VINGT-TROIS SEPTEMBRE MIL NEUF CENT VINGT ET UN

www.ingramcontent.com/pod-product-compliance
Ingram Content Group UK Ltd.
Pitfield, Milton Keynes, MK11 3LW, UK
UKHW022055260726
13993UKWH00001B/140

9 782329 177151